초등학생을 위한
핵심정리
한국사

초등학생을 위한 핵심정리 한국사

바오·마리 글 구성 | 서은경 그림 | 송웅섭 감수

길벗스쿨

길고 긴 우리 역사,
큰 흐름과 핵심으로 한눈에 봐요!

마리 선생님과 함께 공부하는 친구들은 역사 이야기를 아주 좋아해요.
"그 사람이 누구예요? 그래서 무슨 일이 생겼어요?"
역사 이야기가 동화보다 더 재밌다면서 눈을 반짝거리며 질문을 하지요. 하지만 얼마 지나지 않아 다시 역사는 외울 게 많고 어렵다고 울상을 짓는 친구들이 생겨나요. 이야기로 들을 때는 정말 재미있는데, 슬금슬금 내용을 다 잊어버리고 또 어려워진다는 거예요.
이런 친구들을 위해 선생님은 어떻게 역사 공부를 하면 좋을까 고민했어요.
'역사의 큰 흐름을 한 번에 알면 좋을 텐데. 고구려 따로, 백제 따로, 신라 따로… 삼국 시대만 해도 세 번을 따로 공부해야 하니 복잡해. 한눈에 보는 방법이 뭘까?'
역사는 큰 흐름을 튼튼히 잡는 게 중요해요. 흐름을 알면 나중에 더 자세히 공부하고 싶을 때, 거기다 살을 조금씩 덧붙여 나가면 되거든요. 그래서 역사의 전체 틀을 복잡하지 않게 핵심으로 정리하는 이 책을 만들게 되었답니다.
역사에서 한 나라가 나올 때, 그 나라에 대한 설명만으로는 전체를 알기 어려워요. 그 나라는 혼자가 아니라 다른 나라와 서로 영향을 주고받으며 역사를 이끌어 가거든요. 그래서 이 책에서는 그 시기에 있었던 여러 나라를 동시에 등장시키기로 했어요!
위로 우르르 올라가고, 아래로 쭉 내려가고, 중간에서 만나는 다양한 사건과 교류를 역동적으로 보세요. 우리나라가 중국과 일본, 세계와 영향을 주고받는 모습도 한눈에 만나고요.
이렇게 역사를 보면 각 나라가 어떻게 태어났고, 왜 발전했고 쇠퇴했는지 외우지 않아도 이해할 수 있어요. 역사 속에서 위태로웠던 시기와 평화스러웠던 시기도 그래프처럼 머릿속에 쏙 들어와요. 이처럼 가장 중요한 핵심을 이해한다면 큰 흐름을 제대로 잡는 거예요.
이제 천천히 책을 넘겨 볼까요? 세세한 것보다 전체와 핵심을 먼저 눈으로 자꾸 익혀요. 교과서에서 더 자세한 내용이 나올 때는 이 책을 함께 보며 역사 흐름의 어느 부분인지 짚어 봐요. 그렇게 우리 역사가 여러분의 머릿속에 차곡차곡 정리되기를 바랍니다.

⊕ 지은이 **바오·마리**

이 책의 활용 방법

선사 시대부터 현대까지 우리 역사 전체를 연표로 정리한 책이에요. 한반도에 자리 잡고 우리 역사를 이끌어 온 여러 나라들의 관계와 다른 민족과의 교류를 한눈에 알아봐요!
한 나라 안과 바깥의 상황을 동시에 보면 역사에 대한 이해가 훨씬 깊어진답니다.

2. 나라와 나라 사이의 상호 작용

한 나라의 역사만 익히기보다 다른 나라와의 상호 작용 속에서 역사를 보다 입체적으로 봐요. 삼국 시대는 각 나라의 경쟁을, 고려 시대에는 외세와의 관계 등 시기별로 각 나라들의 상호 작용을 알아보면 역사가 쏙쏙 이해돼요.

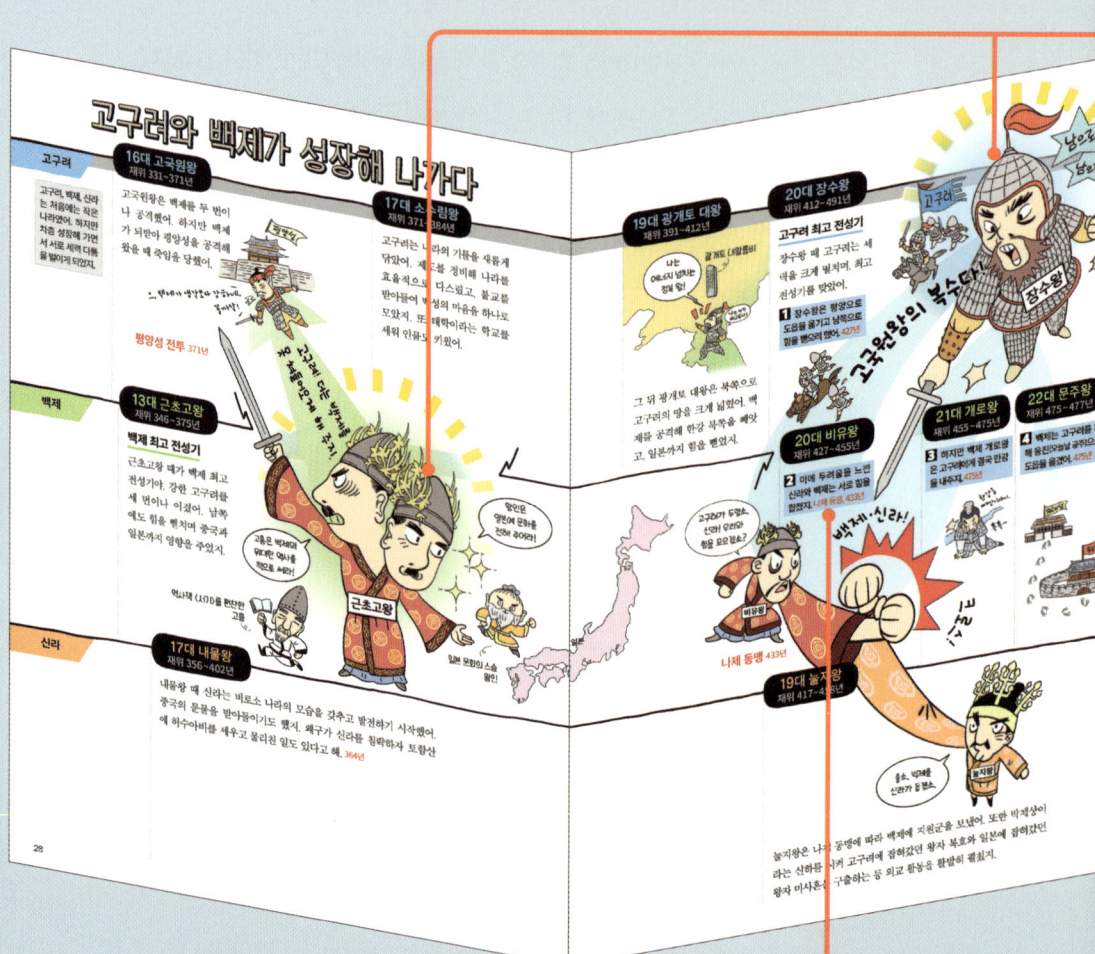

3. 1 2 3 … 사건의 순서대로

역사 속 사건들은 원인-과정-결과를 순서대로 소개해 핵심을 파악하도록 했어요. 짧은 글을 번호 순서대로 편하게 읽어 가 보세요.

당나라와 신라의 전쟁

1. 당나라는 백제와 고구려, 신라에까지 자신들의 관청을 두고 관리하려 했어.
2. 신라 문무왕이 백제 땅에 남아 있던 당나라 군대를 공격해 몰아냈어. 670년
3. 당나라는 20만 대군을 이끌고 신라에 쳐들어왔어. 하지만 신라는 매소성에서 당나라를 다시 물리쳤지. 675년
4. 기벌포로 또 쳐들어온 당나라 수군을 물리치면서 신라가 삼국을 통일하게 돼. 676년

1. 연표로 보는 우리 역사

우리 역사 전체를 연표 속에서 살펴보면서 한 권으로 끝내는 역사책이에요. 한눈에 정리한 표가 역사의 큰 흐름과 틀을 익히는 데 큰 도움을 줄 거예요.

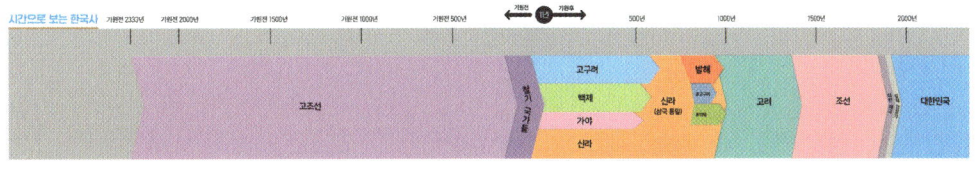

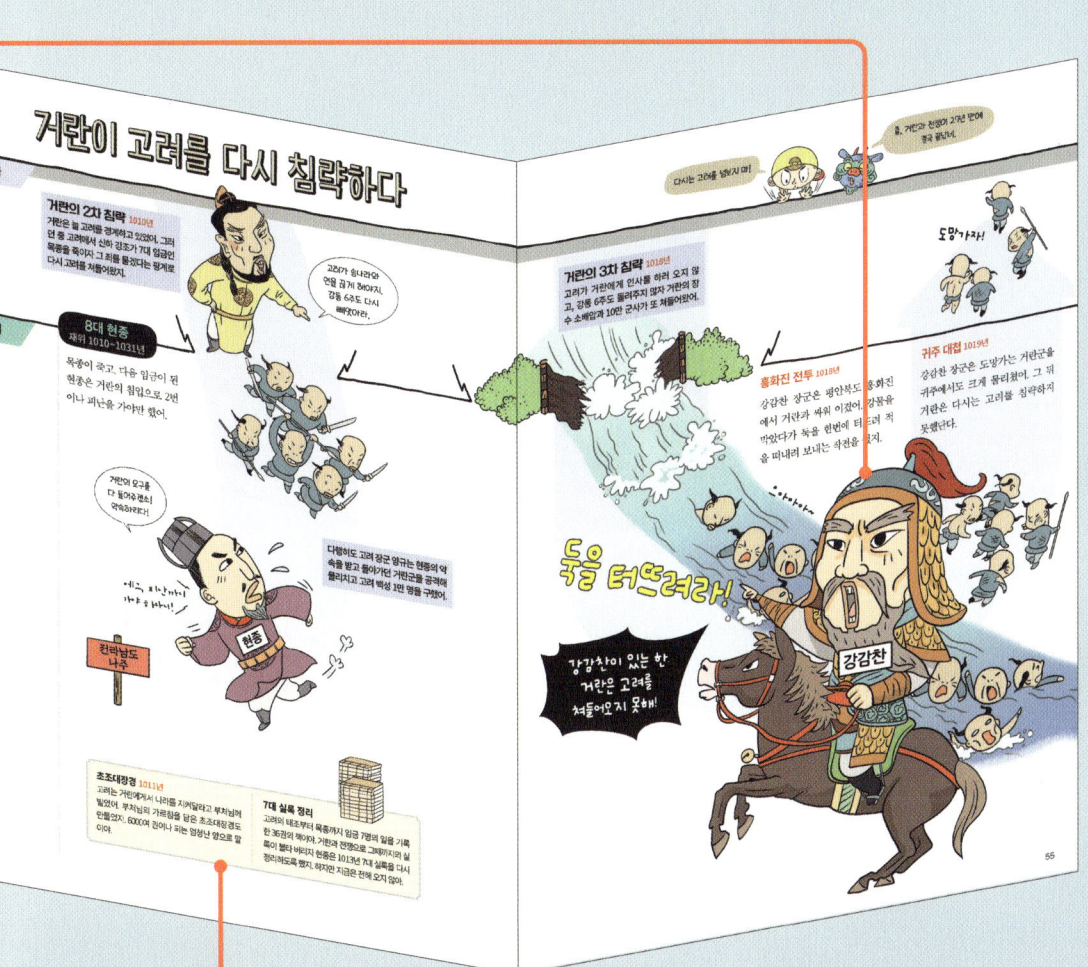

4. 중요 문화재, 역사 속 인물, 지도 자료

문화재와 역사 속 위인도 간단한 박스 글과 그림으로 만나세요. 초등학교에서 다루는 지도 자료도 충실히 담겨 있습니다.

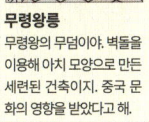

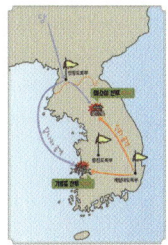

차례

우리 역사 공부를 시작하기 전에
역사란 무엇일까? ... 10
지도와 연표로 한눈에 보는 우리 역사 ... 12

선사 시대

구석기 시대 / 신석기 시대

구석기 사람들이 먹을 것을 찾아 떠돌다 ... 14
신석기 사람들이 한곳에 자리를 잡다 ... 16

고대

고조선

최초의 나라, 고조선이 탄생하다 ... 18
8조법으로 고조선을 다스리다 ... 20

청동기 시대 / 철기 시대

청동기 시대, 지배자가 나타나다 ... 21
철기를 사용해 벼농사를 짓다 ... 22
위만이 고조선의 왕이 되다 ... 23
고조선이 멸망하고 새 나라가 등장하다 ... 24

삼국 시대

삼국이 세워지다 ... 26
고구려와 백제가 성장해 나가다 ... 28
백제가 쇠퇴하고 신라가 성장하다 ... 30
고구려가 북쪽으로부터 한반도를 지키다 ... 32
신라와 당나라가 손을 잡다 ... 34
신라가 당나라와 함께 백제를 쓰러뜨리다 ... 36
신라가 위기를 맞은 고구려를 무너뜨리다 ... 38
신라가 당나라를 몰아내고 삼국을 통일하다 ... 40

남북국 시대 / 후삼국 시대

북쪽은 발해가 남쪽은 신라가 번성하다 ... 42
한반도가 후삼국으로 나누어지다 ... 44

중세

고려 시대

고려가 다시 삼국을 통일하다 ... 46
왕건이 고려를 하나로 이끌다 ... 48
광종이 고려를 개혁하다 ... 50
성종이 유교로 나라를 다스리다 ... 52
거란이 고려를 다시 침략하다 ... 54
고려가 여진을 물리치다 ... 56
무신의 난이 일어나다 ... 58
몽골과 40여 년간의 전쟁이 시작되다 ... 60
공민왕이 고려를 개혁하다 ... 62
이성계가 위화도에서 회군하다 ... 64

근세

조선 시대

새 나라 조선이 열리다	66
임금 27명이 조선 왕조를 이끌다	68
조선 왕조의 이모저모를 알아보다	70
한양이 조선의 새 도읍이 되다	72
왕자의 난이 일어나다	74
태종이 왕권을 강화하다	76
세종이 한글을 창제하다	78
세조가 왕위에 오르다	80
성종이 조선의 법전을 완성하다	82
훈구파와 사림파가 맞서다	84
임진왜란이 일어나다	86
광해군이 중립 외교를 펼치다	88
두 번의 전쟁을 다시 겪다	90
남인과 서인이 팽팽하게 맞서다	92
영조가 탕평책을 펼치다	94
정조가 조선의 황금기를 열다	96
세도 정치로 나라가 휘청이다	98

근대

조선 시대
대한 제국
일제 강점기

흥선 대원군이 쇄국 정책을 펼치다	100
동학 농민 운동이 일어나다	102
고종이 대한 제국의 황제가 되다	104
나라의 외교권을 빼앗기다	106
일본에게 나라를 빼앗기다	108
3·1 운동을 일으키다	110
광복을 맞이하다	112

현대

대한민국

남북이 서로 다른 정부를 세우다	114
6·25 전쟁이 일어나다	116
아픈 역사를 딛고 미래로 향하다	118

책을 마치면서	120
찾아보기	121

우리 역사 공부를 시작하기 전에

역사 란 무엇일까?

역사는 뭘까? 복잡하고 어려울 건 없어. 그저 '지구에 사람들이 살아오면서 겪은 일들'이라고 생각하면 돼. 오랜 세월 지구에서 살아온 사람들의 이야기를 왜 알아야 할까? 옛사람들이 어떤 경험을 해 왔는지 알면 지금 또는 앞으로 우리가 살며 겪을 일들에 도움을 받을 수 있어! 그게 바로 역사를 공부하는 이유야.

시간을 나누는 기준 1   **기원전 | 기원후**   예수님의 탄생을 기준점으로 시간을 나누는 방법이야. 우리가 보통 역사를 공부할 때는 이 시간을 기준으로 해.

기원전
'예수 탄생의 전'의 시간을 말해.
BC(Before Christ)라고 표시하지.

시간을 나누는 기준 2   **서기 | 불기 | 단기**   예수님, 부처님, 단군을 각각 기준점으로 시간을 나누는 방법이야.

서기	불기	단기
예수님 탄생을 기준으로 해. 2020년, 2021년처럼 우리가 보통 때 쓰는 연도야. 기원후와 같은 말이지.	부처님이 진리를 깨달은 기원전 544년을 기준으로 한 연도야. 서기 2021년은 불기 2565년이지.	단군이 임금이 된 기원전 2333년을 기준으로 한 연도야. 서기 2021년은 단기 4354년이지.

우리 땅에 사람이 살기 시작한 것은 지금으로부터 약 70만 년 전이래. 상상하기 어려울 정도로 오래전이지. 역사는 이처럼 엄청나게 긴 시간을 다루기 때문에 효과적으로 알아보려면 시간을 구분해서 보는 게 좋아. 기원전, 기원후, 서기, 단기… 이렇게 말이야. 그럼 역사 공부에 들어가기 전에 알아야 할 것들을 만나 볼까?

세기

세기는 100년의 기간이야. 1~100년까지는 1세기, 101~200년은 2세기, 2021년은 2001~2100년 사이니까 21세기야.

> 나는 2021년 대한민국 어린이! 기원후는 연도 숫자가 커질수록 더 나중이야.

기원후

'예수 탄생의 후'의 시간을 말해.
AD(Anno Domini)라고 표시하지.

시간을 나누는 기준 ③ 선사 시대 | 역사 시대 인류가 문자를 사용했는지를 기준점으로 시간을 나누는 방법이야.

선사 시대	역사 시대
문자(글)를 사용하지 않았던 먼 옛날이야. 구석기, 신석기 시대가 속해. 이때는 글이 없어서 어떻게 살았는지 기록이 없어. 당시 모습을 알려면 유적이나 유물을 살펴보아야 하지.	문자(글)를 사용한 뒤의 시기야. 우리나라는 고조선부터 글을 사용했지. 이때 이후로는 책 등 기록이 남아 있어 당시 생활상을 알아보기가 편해.
글이 없으니 남기고 싶은 말은 그림으로!	남기고 싶은 말을 글로 꼼꼼히 기록해.

지도와 연표 로 한눈에 보는 우리 역사

영토로 보는 우리 역사

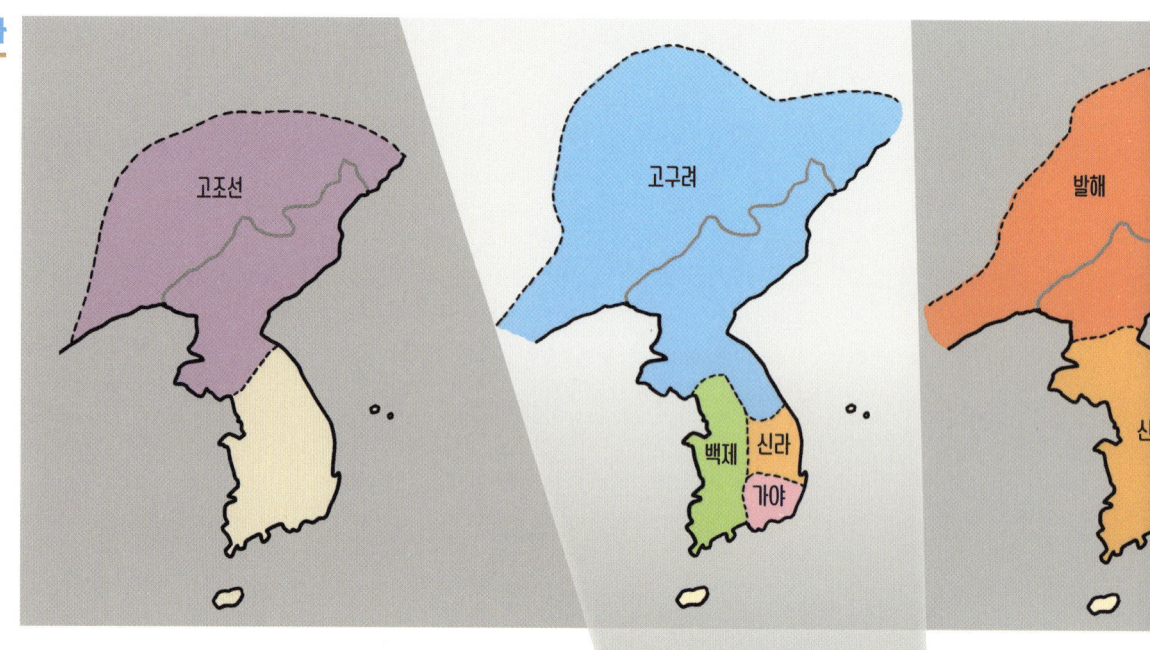

연표로 보는 한국사

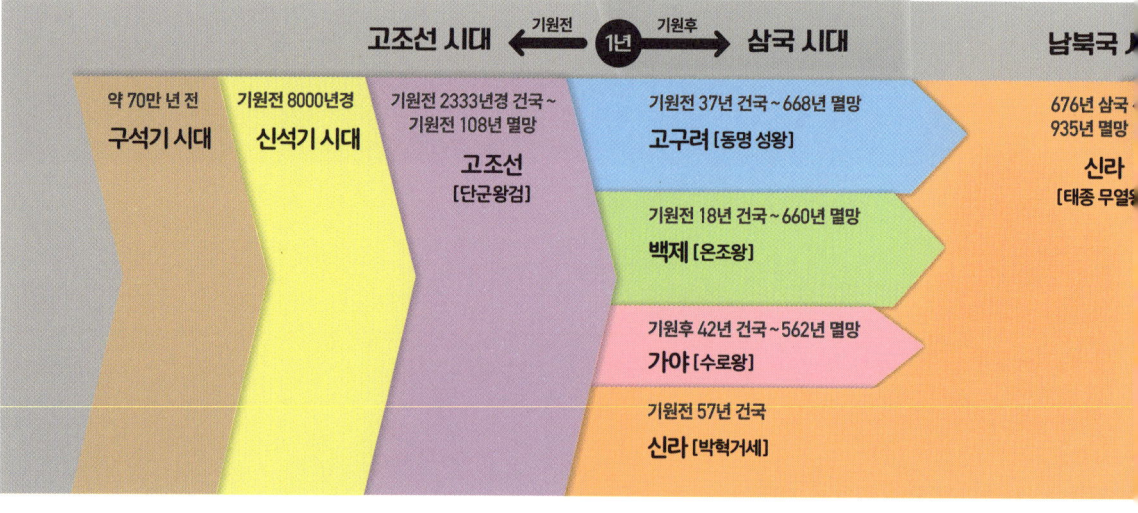

시간으로 보는 한국사

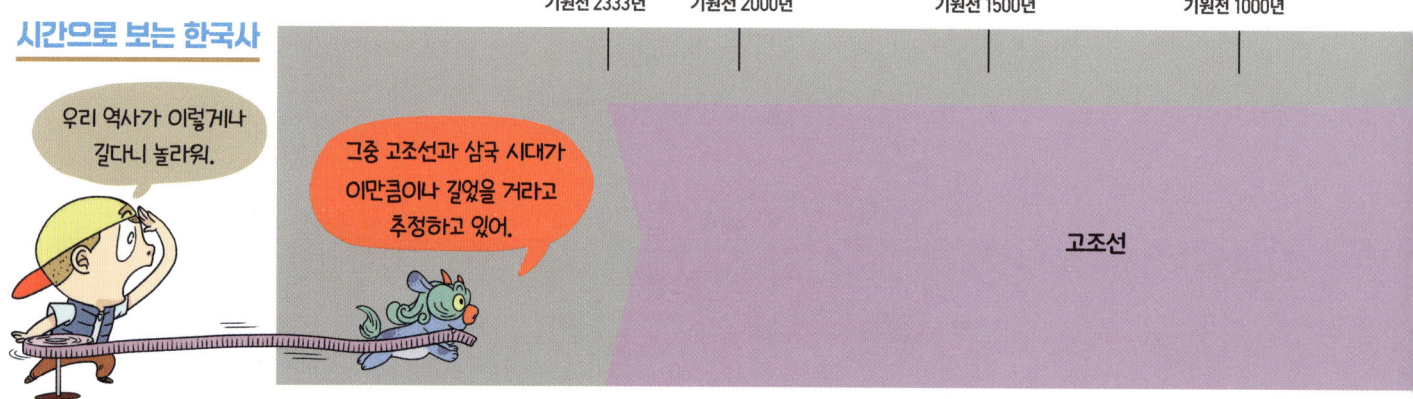

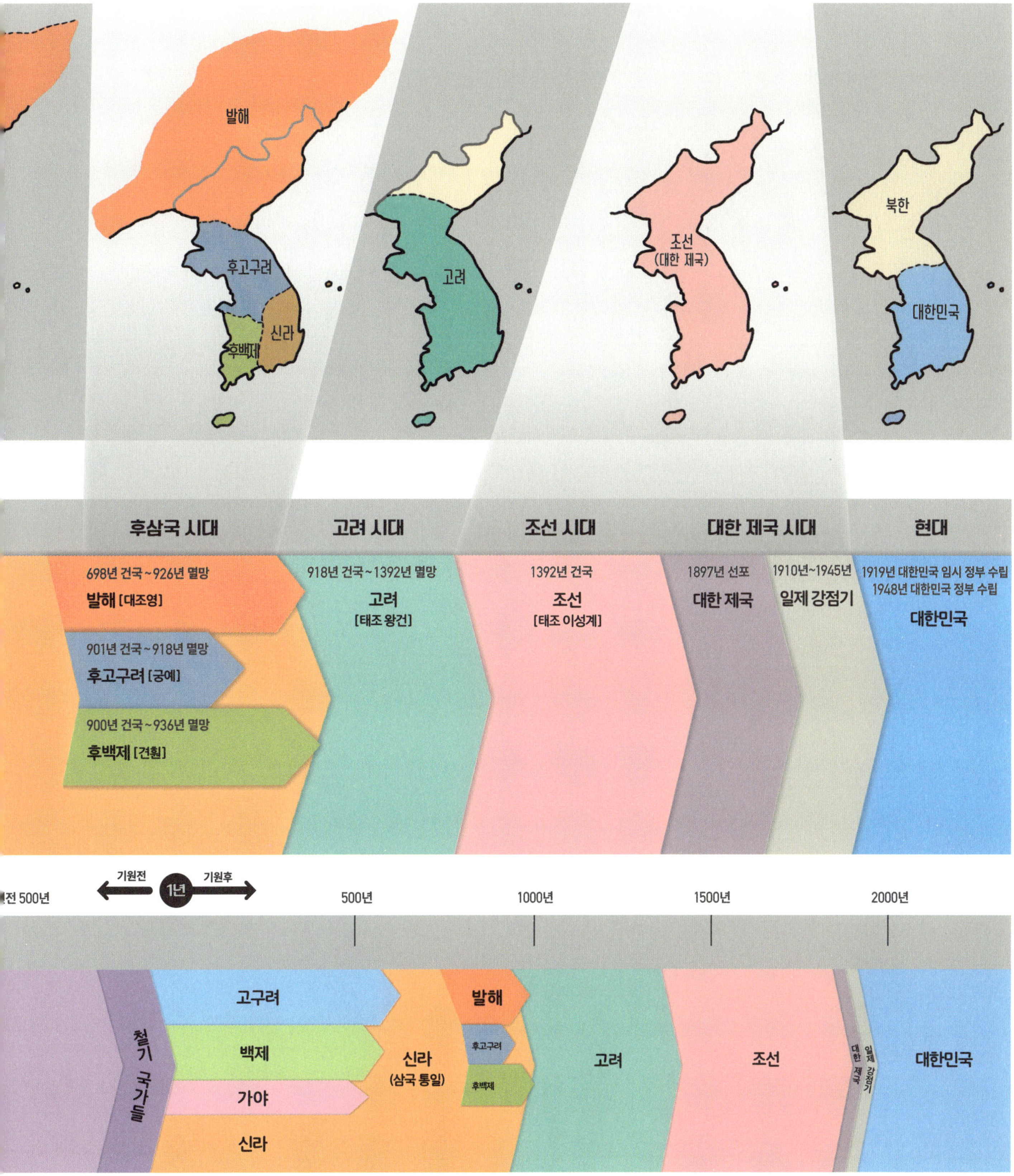

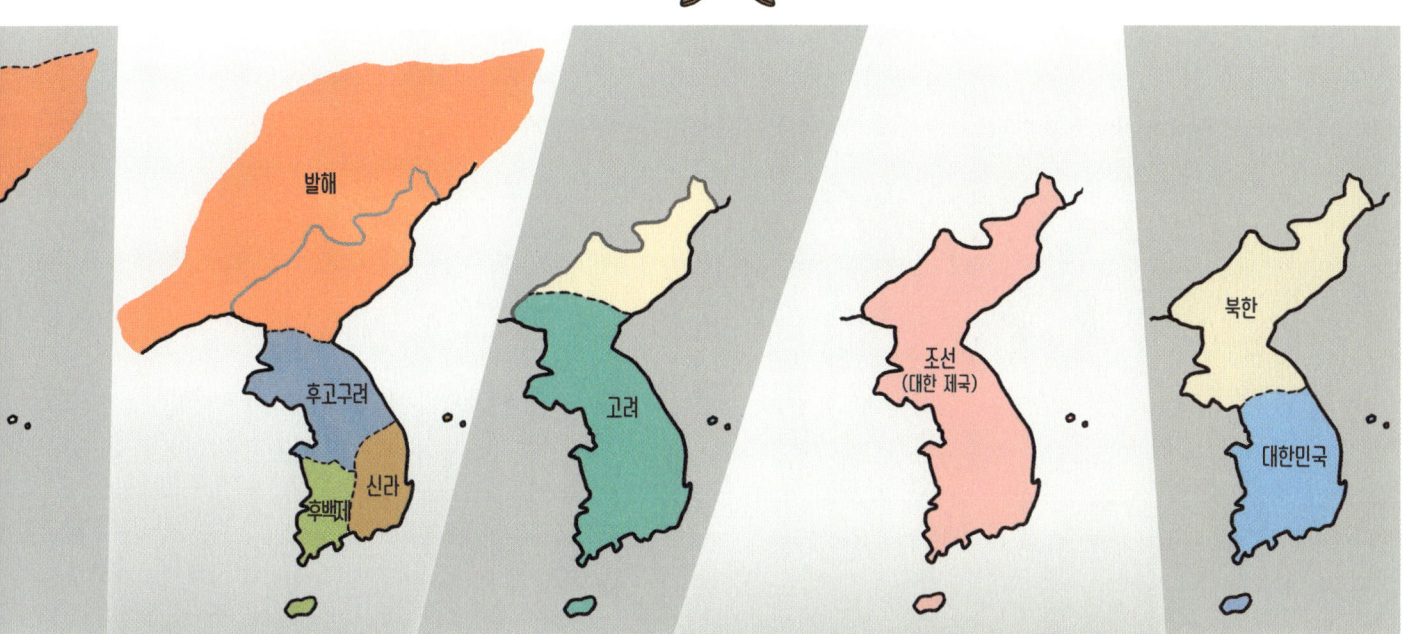

구석기 사람들이 먹을 것을 찾아 떠돌다

약 70만 년 전

구석기 시대

지구에 처음으로 사람이 나타난 것은 약 500만 년 전이야. 처음에는 유인원과 비슷했지만 나중에는 두 발로 걷고, 머리를 지혜롭게 사용하기 시작했어. 불을 발견하고 돌을 다듬어 도구로 활용하기도 했지. 이 시기를 '구석기 시대'라고 해.

동굴 벽화 - 사냥에 성공하길 바라며 동물 그림을 그렸어.

채집 - 과일, 버섯, 풀 등을 따서 먹었어.

뗀석기 - 돌로 도구를 만들어 사용했어.

불 - 추위와 동물을 피하고, 고기도 익혀 먹었어.

구석기 사람들이 사는 곳

동굴에 여럿이 모여 살며 불을 피우고 추위와 위험한 동물을 피했지. 가까운 곳에서 먹을 것을 구했고, 먹을 것이 떨어지면 다른 곳으로 떠났어.

구석기 사람들이 입는 것

구석기 시대 사람들의 옷은 사냥한 동물을 다 먹고 남은 가죽을 몸에 두르거나 커다란 풀잎을 엮어서 입는 거였어.

구석기 유적지

경기도 연천 전곡리, 충남 공주 석장리 등에 구석기 시대 사람들이 살던 흔적이 남아 있어. 평안남도 상원 검은 모루 동굴에서는 동물 뼈 화석과 주먹 도끼 등이 나오기도 했지.

동물 가죽 옷 / 나뭇잎 옷

사냥
창 같은 도구로 물가와 땅 위에서 사냥을 했어.

구석기 사람들의 도구

나무, 동물 뼈 등으로 생활에 필요한 도구를 만들었어. 큰 돌의 한 부분을 떼어 내어 쓰기도 했는데, 이게 바로 '뗀석기'야.

구석기 사람들이 먹는 것

도구를 사용해 물고기를 잡거나 짐승을 사냥했어. 강이나 바다에서 조개를 구하기도 했지. 나무 열매를 따고 풀이나 식물뿌리를 먹기도 했어.

뗀석기 종류

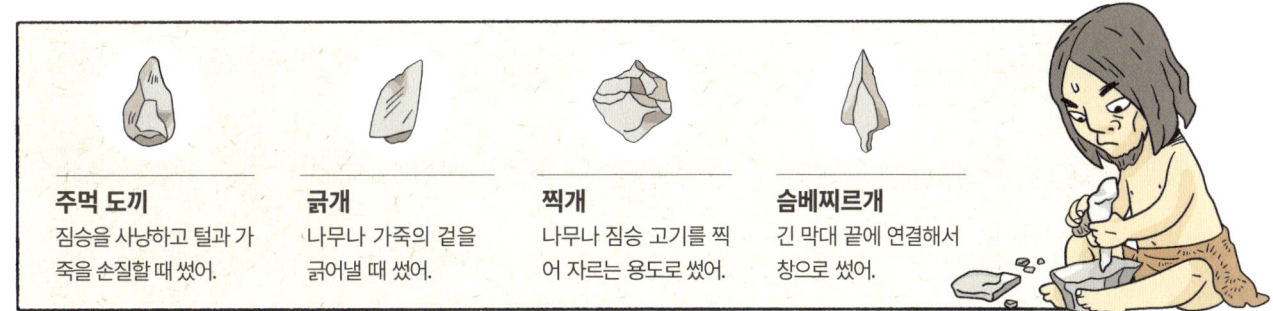

주먹 도끼
짐승을 사냥하고 털과 가죽을 손질할 때 썼어.

긁개
나무나 가죽의 겉을 긁어낼 때 썼어.

찍개
나무나 짐승 고기를 찍어 자르는 용도로 썼어.

슴베찌르개
긴 막대 끝에 연결해서 창으로 썼어.

신석기 사람들이 한곳에 자리를 잡다

기원전 8000년경

신석기 시대

날씨가 따뜻해지면서 자연환경도 크게 변했어. 북쪽의 얼음이 녹으면서 강과 바다가 더욱 커졌지. 이제는 먹을 것을 찾아 떠돌지 않고 농사를 지으며 가축을 길렀어. 물가에 머물러 살며 마을도 이루었지. 이때가 바로 '신석기 시대'야.

밭농사
한곳에 터를 잡고 살며 앞마당에서 직접 농사를 지었어.

가축 기르기
사냥도 하지만 가축을 직접 기르기 시작했어.

고기잡이
물고기를 잡기 위해 동물 뼈로 작살을 만들고 그물도 사용했어.

신석기 사람들이 사는 곳

신석기 사람들은 움집을 짓고 살았어. 땅바닥을 얕게 판 다음, 나무 기둥을 세우고 그 위에 짚단과 풀을 덮어 완성했지. 움집 가운데에는 화덕을 두어서 집을 따뜻하게 하고, 음식을 익혀 먹었어.

신석기 사람들이 먹는 것

밭농사를 지어 먹을 것을 스스로 만들었어. 또 사냥과 함께 가축을 직접 기르기도 했어. 물가에서는 조개와 물고기를 잡았어.

신석기 사람들이 입는 것

질긴 식물의 줄기에서 얻은 실로 옷감을 만들기 시작했어. 그 옷감을 가지고 뼈바늘로 바느질을 해서 옷을 지어 입었지.

식물로 만든 옷감

움집
신석기 사람들이 살던 집이야.

(라벨: 짚단과 풀, 나무 기둥, 화덕, 얕게 판 땅바닥)

신석기 사람들의 도구

빗살무늬 토기
곡식을 담거나 음식을 만들 때 쓰던 그릇이야. 표면에 빗살무늬가 새겨져 있어서 '빗살무늬 토기'라고 불러.

땅에 묻어 세우기 위해 아래를 뾰족하게 만들었어.

간석기
신석기 시대에는 구석기 시대의 뗀석기보다 돌을 매끈하게 갈아서 더욱 편리하게 만들어 썼어. 이것을 '간석기'라고 해.

갈돌과 갈판
나무 열매나 곡식을 갈판 위에 올려놓고는 갈돌을 이용해서 껍질을 벗겼어.

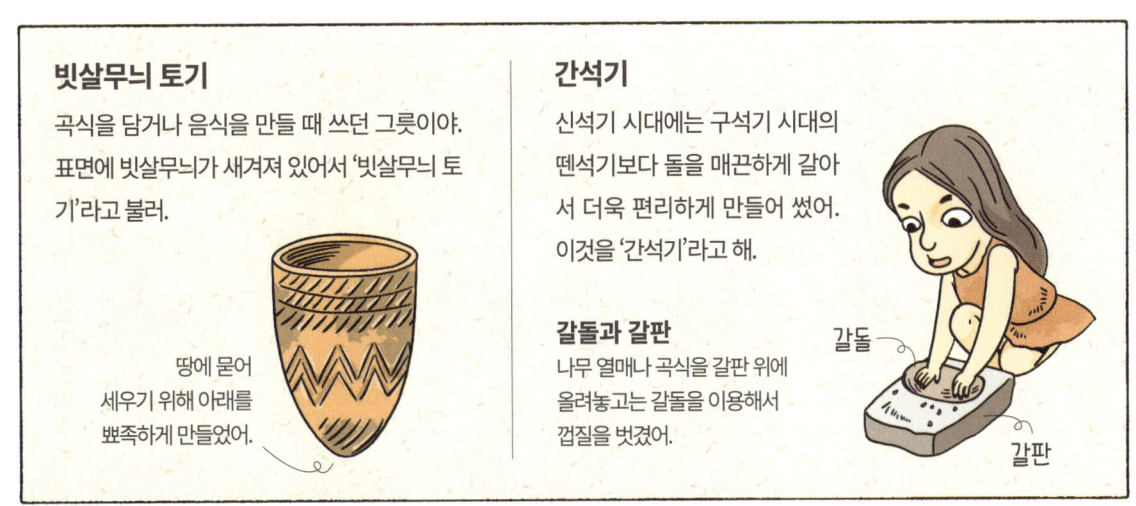

최초의 나라, 고조선이 탄생하다

기원전 2333년경

단군왕검
기원전 2333년경~

고조선 건국

최초의 나라인 고조선이 세워졌어. 단군왕검은 아사달에 도읍을 정하고 홍익인간의 이념으로 백성들을 다스렸어. 우리 최초의 국가와 역사가 시작된 거야.

고조선

단군왕검

나 단군왕검이 우리 역사의 시작을 알리노라!

고조선이라는 나라는?

고조선의 도읍 아사달

도읍이었던 아사달은 백두산 혹은 평양이라고 하는데, 정확하지는 않아. 고조선은 지도에서 보는 것처럼 넓은 영토를 차지하며 2000년이나 되는 긴 역사를 이어 갔지.

건국 이념인 홍익인간

'홍익인간'은 널리 백성을 이롭게 한다는 뜻이야. 백성을 위한 나라를 만들겠다는 것이었지.

단군 신화

단군 신화는 고려 시대 승려 일연이 지은《삼국유사》라는 역사책에 기록되어 있지.

단군 신화 이야기

1. 하늘 신인 환인의 아들 환웅은 땅으로 내려와 살고 싶었어. 그래서 비, 바람, 구름을 다스리는 신하 등 3000명과 태백산으로 와서 사람들을 다스렸지. "여기에 나 환웅이 나라를 세우겠다."

2. 그러던 어느 날, 곰과 호랑이가 환웅을 찾아와 사람이 되고 싶다고 했어. 환웅은 굴속에서 100일 동안 쑥과 마늘만 먹으면 사람이 된다고 했지. "조금만 참고 더 먹어 봐." "난 못 참아! 포기할래."

3. 그렇게 굴속에서 지내던 곰은 21일 만에 여자가 되어 환웅과 혼인해 아기를 낳았어. 그가 바로 고조선을 세운 단군왕검이야!

이 이야기가 진짜냐고? 신화는 사실로 받아들이기보다는 그 의미를 알아야 해. 단군이 하늘 신의 자손이라는 것은 임금의 위엄을 보이려 만든 이야기일 거야. 단군이 곰과 혼인한 것은 당시 곰을 섬기던 사람들의 무리와 함께 힘을 모아 고조선을 세웠다는 뜻으로 볼 수 있어.

임금이자 제사장이었던 단군왕검

'단군'은 하늘에 제사를 지내는 사람, '왕검'은 나라를 지배하는 사람이야. 그러니 단군왕검은 종교와 정치를 한꺼번에 맡은 지배자였지. 단군왕검은 한 사람이 아니야. 고조선을 대대로 다스린 여러 명 왕들을 모두 말해.

단군은 나라의 임금이면서 종교를 담당하는 제사장이었어.

8조법으로 고조선을 다스리다

고조선

고조선은 임금 마음대로가 아니라 정해진 법에 따라 백성을 다스렸어.
8개 조항의 법이 있었는데, 지금은 3개만 알려져 오고 있어.
그 내용을 보면 당시 고조선의 모습이 어땠는지를 들여다볼 수 있어.

고조선의 8조법

법의 내용에서 보듯 고조선 사회는 농사를 짓는 사회였고, 화폐도 사용했어.
사람의 생명을 귀하게 여겼으며, 또한 사람의 신분을 나누었단다.
왕족, 귀족, 일반 백성, 그리고 가장 신분이 낮은 노비로 이루어졌지.

청동기 시대, 지배자가 나타나다

청동기 시대
기원전 2000년경

예전에는 돌로 도구를 만들었다면 이제는 청동으로도 도구를 만들기 시작했어.
구리와 주석을 섞어 만든 청동기 도구는 석기보다 더욱 날카롭고 단단했지.

청동기

청동을 다루는 기술은 수준이 높아서 아무나 청동기를 가질 수는 없었어.
지배자의 장신구로 쓰거나 무기, 제사 도구 등 중요한 곳에만 쓰였단다.

지배자

농사를 지으면서 사람들이 배불리 먹고도 먹을거리가 남았어. 남은 먹을거리를 많이 차지하는 사람은 다른 사람을 다스렸고, 조상이나 수호신에게 지내는 제사도 맡았어. 그렇게 해서 지배자가 생겨났지.

지배자의 힘을 보여 주는 고인돌

고인돌은 청동기 시대 지배자의 무덤이야. 받침돌을 세우고 덮개돌을 올려 만드는 것이 보통이지.
무겁고 거대한 돌로 만들기 때문에 수많은 사람들이 필요해. 이로써 지배자는 자신의 힘을 드러냈지.

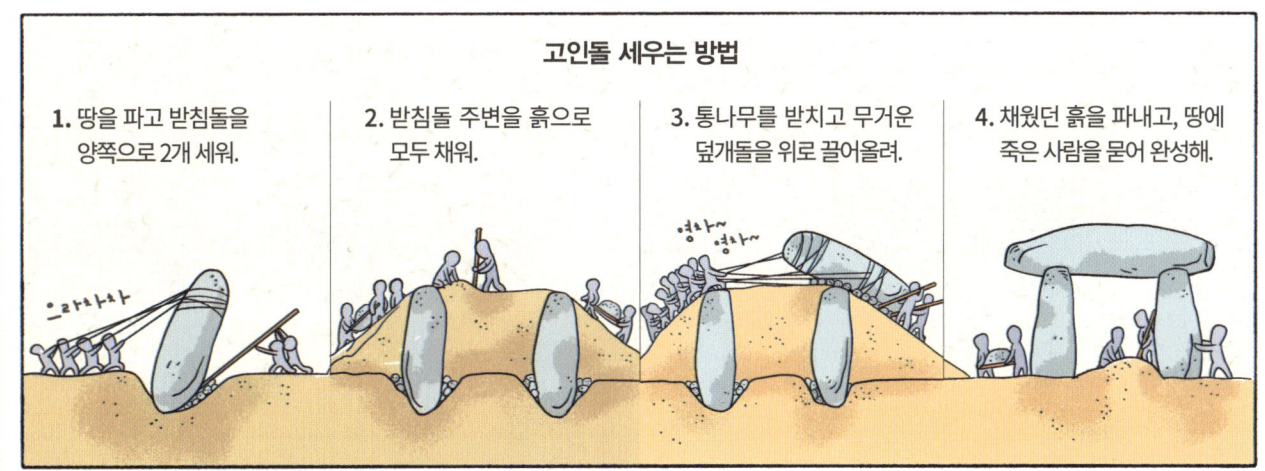

철기를 사용해 벼농사를 짓다

철기 시대
기원전 400년경

청동기와 함께 서서히 철기도 사용되었어. 철은 청동보다도 단단했어.
철기는 지배자뿐만 아니라 백성들도 농기구를 만드는 데 사용할 수 있었지.

철기

철은 청동보다 훨씬 단단하고 활용할 수 있는 것도 많았어. 구하기도 쉬워서 백성들도 널리 쓸 수 있었지. 철로 만든 농기구와 무기가 많아지면서 사람들의 삶도 크게 변하기 시작했어.

철기 시대의 변화

철제 농기구를 쓰자 농사짓기가 더욱 편해지고 곡식의 수확도 늘었어. 살기가 좋아지니 인구가 늘어나고, 남은 곡식을 사고파는 상업도 활발해졌지. 철제 무기를 만들면서 나라의 군사력도 더욱 강해졌어. 철기는 이처럼 사람들의 생활에 큰 변화를 가져왔어.

위만이 고조선의 왕이 되다

위만 고조선
기원전 194년

연나라의 위만이라는 사람이 고조선으로 와서 원래 있던 고조선 왕을 몰아내고 스스로 왕이 되었어. 무슨 일이 있었던 걸까?

위만 조선의 탄생

1대 동명 성왕
기원전 37~기원전 19년

주몽(동명 성왕)은 고구려를 세웠어. 원래 부여 사람이었는데, 남쪽으로 내려와 옛 고조선 땅에 나라를 세웠어. 고구려는 드넓은 영토를 차지하며 씩씩하게 발전해 나갔지.

1대 온조왕
기원전 18~기원후 28년

백제 건국

주몽의 아들 온조는 백제를 세웠어. 백제는 원래 마한에 있던 작은 나라였는데, 한반도 서남쪽을 다 차지하며 발전하게 돼. 백제는 뛰어난 예술과 문화를 꽃피웠어.

1대 수로왕
기원후 42~199년

가야 건국

가야는 변한에서 생겼어. 금관가야, 대가야, 성산가야, 아라가야, 고령가야, 소가야 6개로 나누어졌지. 철기를 잘 만든 나라야.

삼국이 세워지다

고구려 건국 신화

하늘 신의 아들 해모수와 물의 신의 딸 유화는 서로 사랑했어. 하지만 해모수는 유화를 두고 떠나 버렸지. 부여의 금와왕이 이렇게 홀로 남겨진 유화를 궁으로 데려왔어.

얼마 뒤 유화는 알을 하나 낳았어. 알에서는 남자아이가 태어났으니…

내 이름은 주몽! 활을 잘 쏜다는 뜻의 이름이지!

백발백중!

바로 주몽이야!

백제 건국 신화

고구려 임금 주몽에게는 아들인 비류와 온조가 있었어. 하지만 부여에 있을 때 낳은 맏아들 유리가 나중에 찾아와 결국 왕이 되었어. 비류와 온조는 고구려를 떠나야 했어.

내 맏아들, 유리! 왕위를 잇거라.

네, 아버지.

주몽 / 유리 / 비류 / 온조

유리가 왕이 되었으니 우리는 남쪽으로 가서 새 나라를 세우자.

신라 건국 신화

한반도 남쪽 진한에 여섯 마을이 있었어. 어느 날 마을 촌장이 우물가에서 자주색 알을 보았어.

  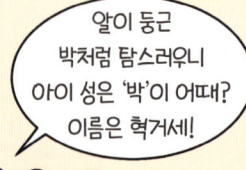

흰 말이 알을 향해 절을 하다니! 알에서 사람이 태어났다!

알이 둥근 박처럼 탐스러우니 아이 성은 '박'이 어때? 이름은 혁거세!

가야 건국 신화

낙동강 옆에도 작은 마을들이 있었어. 어느 날 여섯 부족의 촌장들이 모여 노래를 부르며 제사를 지냈어. 그러자 하늘에서 황금 상자가 내려왔어.

거북아, 거북아, 머리를 내놓아라. 그렇지 않으면 구워 먹으리.

황금 알이 6개나 들어 있다!

고구려 건국 ✿ 졸본
기원전 37년

주몽이 뭐든 잘하니까 금와왕의 아들들이 주몽을 못살게 굴었어.
그래서 남쪽으로 가 나라를 세우게 되지.

백제 건국 ✿ 위례성
기원전 18년

하지만 바닷가라 농사짓기 어려웠어.

온조는 위례성에 백제를 세웠어. 미추홀의 백성들도 나중에 여기로 오게 돼.

신라 건국 ✿ 서라벌
기원전 57년

박혁거세는 나중에 신라를 세웠어.

박혁거세의 왕비는 알영이야! 왕비 역시 특별하게도 용의 옆구리에서 태어났지.

가야 건국 ✿ 김해
기원후 42년

알에서는 남자아이 6명이 태어났어.
그리고 자라나 각각 여섯 가야를 세웠지.

김수로는 그중 가장 강한 나라인 금관가야의 왕이었지.

고구려와 백제가 성장해 나가다

고구려

고구려, 백제, 신라는 처음에는 작은 나라였어. 하지만 차츰 성장해 가면서 서로 세력 다툼을 벌이게 되었지.

16대 고국원왕
재위 331~371년

고국원왕은 백제를 두 번이나 공격했어. 하지만 백제가 이를 되받아 평양성을 공격해 왔을 때 죽임을 당했어.

으, 백제가 생각보다 강하네. 꼴까닥!

평양성 전투 371년

17대 소수림왕
재위 371~384년

소수림왕은 나라의 기틀을 새롭게 닦았어. 제도를 정비해 나라를 효율적으로 다스렸고, 불교를 받아들여 백성의 마음을 하나로 모았지. 또 태학이라는 학교를 세워 인물도 키웠어.

백제

13대 근초고왕
재위 346~375년

백제 최고 전성기

근초고왕 때가 백제 최고 전성기야. 강한 고구려를 세 번이나 이겼어. 남쪽에도 힘을 뻗치며 중국과 일본까지 영향을 주었지.

고구려! 다시는 백제를 얕보았을 해 주지!

고흥은 백제의 위대한 역사를 책으로 써라!

왕인은 일본에 문화를 전해 주어라!

근초고왕

역사책 〈서기〉를 편찬한 고흥

일본 문화의 스승 왕인

신라

17대 내물왕
재위 356~402년

내물왕 때 신라는 비로소 나라의 모습을 갖추고 발전하기 시작했어. 중국의 문물을 받아들이기도 했지. 왜구가 신라를 침략하자 토함산에 허수아비를 세우고 물리친 일도 있다고 해. **364년**

백제가 쇠퇴하고 신라가 성장하다

고구려

수렵도
고구려의 오래된 무덤인 무용총에서 이 벽화가 발견되었어.(중국 길림성 집안시) 사냥하는 모습을 그린 이 벽화는 당시 고구려 사람들의 생활을 잘 보여 줘.

백제

25대 무령왕
재위 501~523년

무령왕은 고구려의 공격으로 약해진 나라를 안정시켰어. 중국과 교류도 많이 하며 문화를 발전시켰지.

무령왕릉
무령왕의 무덤이야. 벽돌을 이용해 아치 모양으로 만든 세련된 건축이지. 중국 문화의 영향을 받았다고 해.

26대 성왕
재위 523~554년

백제의 새 도약

성왕은 백제의 도읍을 웅진(공주)에서 사비(부여)로 다시 옮겼어. 그러고는 고구려를 공격해 원수를 갚기로 했지.

1 백제 성왕은 신라 진흥왕과 힘을 합쳐 고구려를 공격했어. **550년**

신라

22대 지증왕
재위 500~514년

지증왕은 신라의 장수 이사부를 시켜 우산국(울릉도)을 정벌하게 했어. 이로써 울릉도와 독도가 우리 땅이 되었지.

23대 법흥왕
재위 514~540년

법흥왕은 귀족들의 힘을 누르고 왕이 나라를 온전히 다스리도록 불교를 받아들였어. 귀족들이 이를 반대하자 신하 이차돈이 왕을 위해 목숨을 바치지.

고구려가 북쪽으로부터 한반도를 지키다

중국

수나라 통일
589년

서로 나뉘어 있던 여러 나라(남북조 시대)를 수나라가 통일했어. 수나라 문제가 새 황제가 되었지.

고구려

26대 영양왕
재위 590~618년

2 수나라도 30만 군대로 쳐들어왔지만 고구려가 승리를 거두었어.

3 수나라 문제의 뒤를 이은 양제는 200만 군대로 고구려를 다시 쳐들어 왔어. 612년 을지문덕 장군의 살수 대첩으로 이번에도 고구려가 승리했어.

고구려와 수나라의 대결

수나라를 공격하라!

1 고구려 영양왕은 복종을 강요하는 수나라에 맞서려고 요서 지방을 먼저 공격했어. **598년**

수 군사들이 강을

을지문덕

살수 대첩
612년

백제

30대 무왕
재위 600~641년

백제 무왕은 수나라(그 뒤 당나라)와 외교 관계를 맺었어. 예전 백제를 배신했던 신라와는 성을 쌓고 대결했지. 무왕은 《삼국유사》에 나오는 〈서동과 선화 공주〉 이야기의 주인공이기도 해.

서동과 선화 공주 이야기

1 마를 캐며 살던 서동은 신라 진평왕의 딸 선화 공주를 사랑했어.

서동 선화공주

신라

26대 진평왕
재위 579~632년

신라 진평왕은 진흥왕을 이어 신라를 튼튼하고 강한 나라로 만들었어.

2 서동은 일부러 자기와 선화 공주가 서로 좋아한다는 노래를 퍼뜨렸지.

선화 공주는 서동이랑~ 서로 좋아한대요~ 얄나리~ 깔나리~

공주, 아비 얼굴에 먹칠을 하다니… 떠나거라!

진평왕

3 온 나라에 소문이 나자 진평왕은 화를 냈어.

당나라 건국
618년

결국 수나라는 무리한 전쟁으로 멸망했어.
618년 당나라가 세워졌지.

4 수나라 양제는 3차 613년, 4차로 614년 또 침략했지만, 결국 고구려를 이기지는 못했어.

27대 영류왕
재위 618~642년

영류왕은 당나라와 당당히 맞서겠다는 장수 연개소문을 못마땅하게 여겼어. 그래서 연개소문을 없애려 했지만 도리어 자신이 죽음을 맞았지.

5 백제로 온 서동은 나중에 백제 30대 임금 무왕이 되었지.

4 서동은 궁에서 쫓겨나 귀양을 가던 선화 공주와 결국 혼인했어.

27대 선덕 여왕
재위 632~647년

진평왕은 아들이 없어서 그 뒤를 이어 맏딸인 덕만 공주가 최초의 여왕이 되었어.

황룡사 9층 목탑
신라는 고구려와 백제의 침입에 시달렸어. 여자 임금에게 맞서는 세력도 있었지. 그래서 선덕 여왕은 나라를 평안하게 하고 왕의 권위를 세우려고 높은 탑을 세웠어.

첨성대
하늘을 관찰하던 천문 관측대야. 역시 선덕 여왕 때 만들었지.

신라와 당나라가 손을 잡다

중국

당나라 침략
644년

수나라를 이어 이번에는 당나라 태종이 고구려를 침략했어.

> 연개소문이 영류왕을 죽였다니 그걸 핑계 삼아 고구려를 쳐들어가야지.
— 당나라 태종

고구려

28대 보장왕
재위 642~668년

죽은 영류왕의 뒤를 이어 조카인 보장왕이 임금의 자리에 올랐어. 고구려의 마지막 왕이지. 진짜 권력은 모두 연개소문에게 있었어.

안시성 전투 645년

양만춘 장군이 안시성에서 백성들과 함께 당을 물리쳤어. 하지만 전쟁이 계속되자 고구려는 점점 힘을 잃었어.

> 흙산을 쌓아 성안을 공격하자!

> 당나라 군대의 흙산이 무너졌다! 공격은 이때다.
— 양만춘

백제

31대 의자왕
재위 641~660년

백제 마지막 왕인 의자왕은 신라에 당당히 맞섰어. 어느 때는 신라의 성을 빼앗기도 했지.

> 신라, 백제를 넘보지 마라.
— 의자왕

신라

28대 진덕 여왕
재위 647~654년

신라 귀족이었던 비담이 여왕을 몰아내기 위해 반란을 일으켰어. 김춘추와 김유신은 이를 막아 냈지. 선덕 여왕 다음으로는 진덕 여왕이 왕위에 올랐어.

> 반란이라니! 나 김유신이 가만히 있지 않는다!
— 김유신

신라와 당나라의 연합

1 백제 의자왕이 신라의 대야성을 공격했어. 이때 대야성의 성주였던 김춘추의 사위와 딸이 죽었어. **642년**

신라가 위기를 맞은 고구려를 무너뜨리다

고구려

고구려의 멸망

3 하지만 연개소문이 죽자 그 동생과 아들들이 서로 다투기 시작했어. 고구려는 흔들리게 되었지. 665년

2 하지만 고구려 연개소문에게는 결국 지고 말았지.

신라

30대 문무왕
재위 661~681년

문무왕은 태종 무열왕 김춘추의 아들이야. 신라의 삼국 통일을 마무리하게 되지.

1 문무왕은 삼국을 통일하기 위해 당나라 군대와 함께 고구려를 치기로 했어. 661년

신라가 당나라를 몰아내고 삼국을 통일하다

중국

신라

30대 문무왕
재위 661~681년

당나라는 멸망한 백제 땅에는 웅진도독부, 고구려 땅에는 안동도호부라는 관청을 설치했어. 그리고 신라에는 계림대도독을 설치하고 자기네들이 관리하려 했어. 그러자 신라는 이제 당나라를 몰아내기로 결심하지.

신라 삼국 통일
676년

당나라와 신라의 전쟁

1. 당나라는 멸망한 백제와 고구려, 그리고 신라에까지 자신들의 관청을 두고 관리하려 했어.

2. 신라 문무왕이 백제 땅에 남아 있던 당나라 군대를 공격해 몰아냈어. 670년

신라의 삼국 통일 676년

삼국 통일의 주인공은 신라가 되었어. 물론 당나라의 힘을 빌린 탓에 예전 고구려의 땅을 많이 잃었지만 백제와 고구려를 하나로 모아 새로운 시대를 열었다는 점에서 의미가 크지.

31대 신문왕
재위 681~692년

3 당나라는 20만 대군을 이끌고 신라에 쳐들어왔어. 하지만 신라는 매소성에서 당나라를 다시 물리쳤지. **675년**

4 기벌포로 또 쳐들어온 당나라 수군을 물리치면서 신라가 삼국을 통일하게 돼. **676년**

만파식적
신라 문무왕과 김유신 장군의 혼이 주고 갔다는 피리야. 불면 나라의 적이 달아나고, 거친 파도가 잔잔해졌다고 해. 가뭄에는 비를 내리게 했다고도 하지.

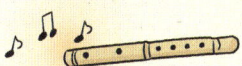

문무대왕릉
삼국을 통일하고 세상을 떠난 문무왕의 유언에 따라 물속에 만든 무덤이야. 대왕암이라고도 부르지.

나 문무왕은 죽어서도 용이 되어 신라를 지키겠다.

원효와 해골물 이야기
원효와 의상은 이 시대에 활동한 유명한 승려야. 두 승려가 당나라로 유학을 가는 길에 동굴에서 하룻밤을 보냈어. 원효는 밤에 목이 말라 바가지에 담긴 물을 마셨는데, 아침에 해골물이었음을 알고 깜짝 놀랐대. 거기서 큰 깨달음을 얻었다고 전해지지.

해골물인지 모를 때는 그렇게 시원하더니! 모든 게 마음먹기 달렸구나.

원효 대사
617-686년

불교를 귀족뿐 아니라 백성에게까지 널리 퍼뜨린 승려야.

의상 대사
625-702년

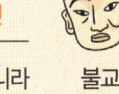

불교의 한 종파인 화엄종의 가르침을 전파하고 많은 제자를 기른 승려야.

북쪽은 발해가 남쪽은 신라가 번성하다

698년

발해 건국

1대 대조영
재위 698~719년

고구려가 멸망하고 30년 뒤, 고구려 옛 땅에 발해라는 나라가 세워졌어. 대조영이 고구려 사람들과 말갈족을 모아 세운 나라야. 발해의 첫 도읍은 동모산(중국 길림성)이지.

신라

35대 경덕왕
재위 742~765년

경덕왕은 신라를 안정시키고 왕의 힘을 더욱 강하게 했어. 그 힘을 보여 주는 건축물이 바로 석굴암과 불국사야. 김대성이라는 사람이 751년에 시작해서 죽기까지 24년 동안이나 지었고, 다 끝내지 못해 나라에서 마무리했어.

석굴암
석굴을 만들고 그 안에 불상을 조각해 두었어. 신라 기술과 예술의 최고 경지를 보여 주는 걸작으로 손꼽혀.

불국사
불교 세상을 현실 속에 세우겠다는 신라의 꿈을 드러내는 절이야. 석가탑에서 나온 '무구 정광 대다라니경'은 세계에서 가장 오래된 목판 인쇄물이란다.

신라의 혜초는 인도를 여행하고 《왕오천축국전》이라는 기행문을 썼어.

2대 무왕
재위 719~737년

2대 무왕은 나라 땅을 더욱 넓혔고, 3대 문왕은 당나라의 문물을 받아들이며 발해를 더욱 발전시켰어.

10대 선왕
재위 818~830년

선왕 때는 최고 전성기를 맞았어. 고구려 땅 대부분을 되찾았고, 남쪽으로는 신라 국경까지 세력을 뻗었어. 발해는 해동성국(동쪽의 강성한 나라)이라고 불렸지.

하지만 발해는 926년 거란의 침략으로 멸망했어.

40대 애장왕
재위 800~809년

애장왕은 13살에 왕위에 올랐어.

해인사
애장왕 때 세워진 우리나라 3대 절 가운데 하나야. 경남 합천에 있어. '팔만대장경'이 보관되어 있지.

42대 흥덕왕
재위 826~836년

흥덕왕은 장수 장보고에게 청해진이라는 군사 기지를 세우고 신라로 오는 당나라 해적을 무찌르도록 했어. 청해진은 당나라 – 신라 – 일본을 연결하는 중요한 바다 무역 기지가 되었지. 장보고를 '해상왕'이라고도 불러.

바다 무역 기지 청해진

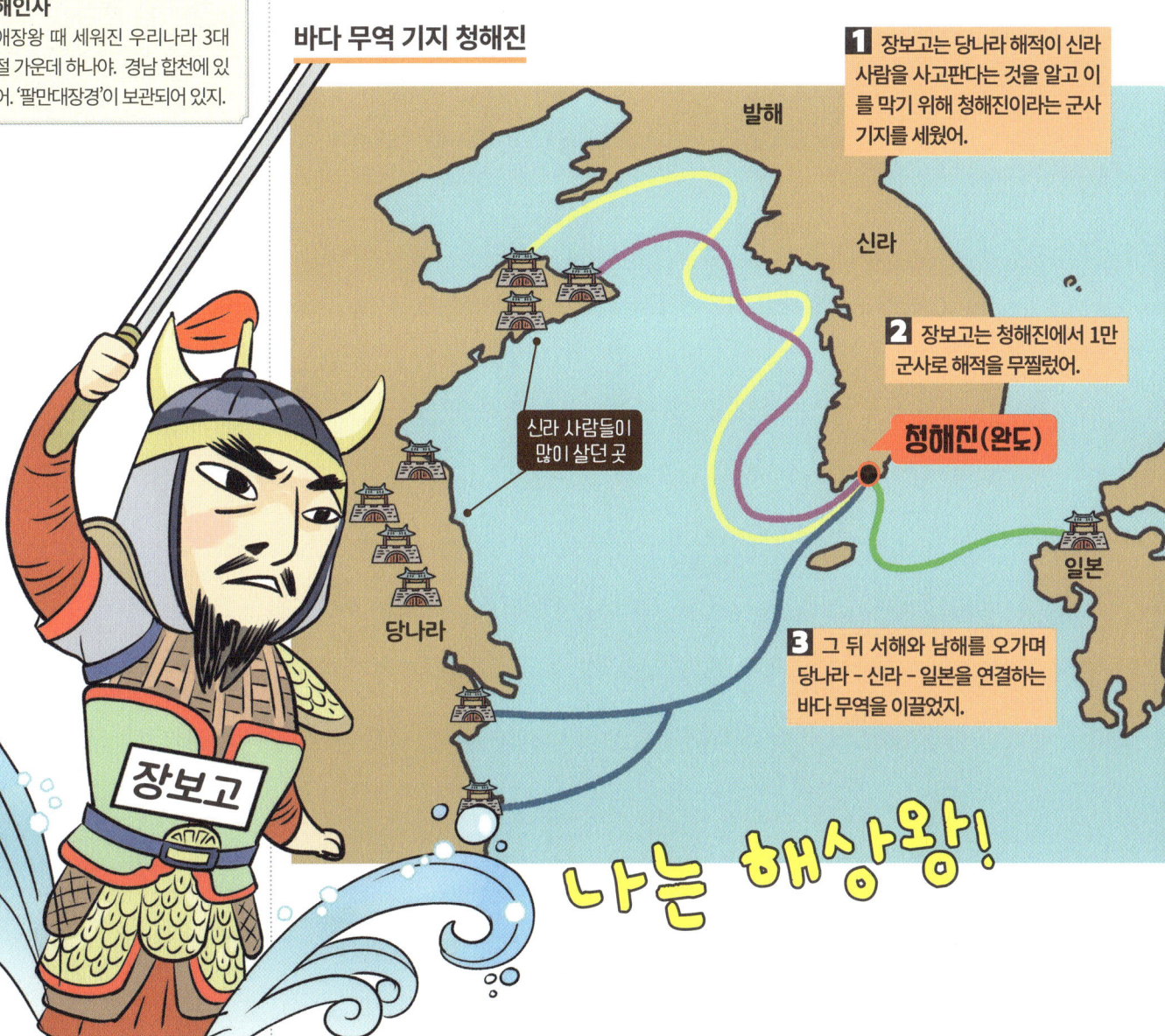

1 장보고는 당나라 해적이 신라 사람을 사고판다는 것을 알고 이를 막기 위해 청해진이라는 군사 기지를 세웠어.

2 장보고는 청해진에서 1만 군사로 해적을 무찔렀어.

3 그 뒤 서해와 남해를 오가며 당나라 – 신라 – 일본을 연결하는 바다 무역을 이끌었지.

나는 해상왕!

한반도가 후삼국으로 나누어지다

신라

51대 진성 여왕 재위 887~897년

52대 효공왕 재위 897~912년

신라 진성 여왕 때는 정치가 불안하고 백성들의 삶이 힘들었어.
이때 혼란스러운 나라를 바로잡으려는 인물들이 나타났지.

궁예가 후고구려를 세우기까지

1 궁예는 강원도 영월 세달사라는 절의 스님이었어.

2 궁예는 절을 나와 산적인 기훤의 부하가 되었다가 다시 양길이라는 사람의 부하가 되었어. 892년

3 힘을 키우던 궁예에게 이번에는 송악의 호족과 그 아들(왕건)이 찾아와 부하가 되었어. 895년

왕건은 송악(개성)에서 무역으로 부자가 된 집안의 아들이었어. 나중에 고려를 세우게 되지.

견훤이 후백제를 세우기까지

1 신라 사회가 어지러워지자 곳곳에서 백성들이 들고 일어났어.

2 이 속에서 견훤도 무진주(광주)에서 힘을 키우며 새 나라를 세우기로 마음먹었어. 892년

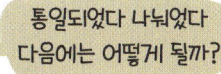

통일되었다 나뉘었다 다음에는 어떻게 될까?

후고구려 건국

궁예 재위 901~918년 (901년)

4 힘을 키운 궁예는 송악(개성)에 후고구려를 세웠어. **901년** 그리고 얼마 뒤에 철원으로 도읍을 옮겼지.

후백제 건국

견훤 재위 900~935년 (900년)

3 힘을 키운 견훤은 완산주(전주)에 후백제를 세웠어. **900년**

54대 경명왕 재위 917~924년

신라 경명왕 때는 여러 자연 재해와 불길한 일들이 많이 일어났다고 해. 신라는 더욱 어려워졌지.

궁예의 후고구려, 견훤의 후백제, 그리고 신라가 있었던 시기를 후삼국 시대라고 해. 하지만 이 시기는 그리 길게 가지 못했지.

고려가 다시 삼국을 통일하다

발해

15대 대인선
재위 906?~926년

발해의 마지막 왕이야.

발해 멸망
926년

북쪽에서 거란족이 쳐들어와 발해는 멸망하고 말았어. 발해 백성들 일부는 고려로 와서 살게 되었지.

후고구려

후고구려 멸망
918년

고려의 삼국 통일 과정

1 왕이 된 궁예는 점점 포악해졌어. 자신에게 반대하는 신하들에게 큰 벌을 내렸고, 그럴수록 백성들도 등을 돌렸지.

1대 태조 왕건
918년 / 재위 918~943년

고려 건국

2 많은 사람들이 왕건에게 새 나라를 세워 달라고 부탁했어. 왕건은 궁예를 몰아내고 개성을 도읍으로 하여 고려를 세웠지. 918년

후백제도 신라도 어서 오시오~

후백제

후백제의 견훤은 끊임없이 신라를 공격했어. 그리고 결국 신라의 도읍인 금성(경주)까지 쳐들어갔지.

견훤의 아들 신검이 스스로 왕이 되려고 아버지를 절에 가두었어. 아들과 원수가 된 견훤은 고려의 왕건에게 항복을 하고 말아. 935년

신라, 후백제에 항복하시오!

견훤

신라

55대 경애왕
재위 924~927년

신라 경애왕은 견훤이 도읍 금성(경주)으로 쳐들어오자 스스로 목숨을 끊었어. 그다음으로는 경순왕이 임금의 자리를 이었어. 927년

후백제에게 당할 바에 차라리 목숨을 끊겠다.

왕건이 고려를 하나로 이끌다

1대 태조 왕건 재위 918~943년

고려

고려의 왕건은 후삼국을 통일했어. 다시는 나라가 나누어지지 않고 안정되길 바랐지. 그래서 나라 전체를 통합하려는 노력을 기울였어.

나라를 하나로 똘똘 뭉치게 한 왕건의 정책

호족과 혼인

왕건은 고려를 세울 때 지방 귀족인 호족들의 도움을 받았어. 그래서 그들의 딸들과 혼인하면서 힘 있는 호족들이 모두 자기편이 되도록 했지.

사심관 제도

나라를 세울 때 공이 있는 신하들을 사심관으로 임명하고, 고향으로 가서 백성을 다스리도록 했어.

빈민 구제 기관, 흑창 918년

가난한 사람에게 곡식을 빌려주는 흑창을 만들었어. 봄에 곡식을 나누어 주고, 가을에 백성들이 곡식을 수확하면 돌려받았지.

고구려 수도였던 평양을 정비한 뒤, 백성들이 가서 살도록 했어. 평양은 고려가 북쪽으로 나아가기 위해 중요한 지역이었거든.

2대 혜종
재위 943~945년

왕건의 맏아들 혜종이 왕위에 올랐지만 3년 만에 죽었어.

3대 정종
재위 945~949년

태조 왕건의 셋째 아들 정종은 불교를 더욱 떠받들었어.

기인 제도

왕건은 호족들에게 자기 성씨를 내리고 땅과 벼슬을 주었어. 또 그 자식까지 데리고 있으며 왕에게 힘이 모이도록 했지.

훈요 10조

태조 왕건은 자신이 죽은 다음, 후손들이 나라를 어떻게 다스려야 할지 그 방법과 가르침을 《훈요 10조》로 남겼어.

팔관회와 연등회

불교로 사람들 마음을 하나로 모으려 했어. 팔관회를 열어 제사를 지내고, 연등회를 열어 등불을 화려하게 밝혔어.

고려를 세운 태조 왕건이 죽었어. 왕건은 호족들과 혼인을 너무 많이 해서 그 자식들도 정말 많았어. 왕의 자리를 두고 큰 다툼이 벌어졌지.

광종이 고려를 개혁하다

4대 광종
재위 949~975년

고려

광종이 임금의 자리에 올랐어. 그러나 호족들의 힘이 강해 뜻대로 나라를 다스리기 어려웠어. 광종은 왕권을 강하게 하고 나라를 개혁하기로 하지.

큰 힘을 가지고 있었던 호족

호족은 신라가 멸망하기 전 혼란스러웠을 때, 지방에서 사람들을 다스리며 힘을 키워 온 사람들이야. 고려는 이런 호족들이 세운 나라라고 할 수 있어. 그래서 고려 초에는 호족들의 힘이 강했어.

처음에 광종은 이들과 바로 맞서기에는 힘이 부족했어. 먼저 호족과 신하들의 마음을 사서 자신을 믿게 만든 뒤에 점차 그 힘을 약하게 만들 제도를 마련해 갔지.

성종이 유교로 나라를 다스리다

중국

송나라
980년 이후

이 시기 송나라는 고려와 친하게 지냈고 무역도 활발하게 이루어졌어. 그러면서 송나라의 발전된 문물이 고려로 많이 전해졌지.

고려

6대 성종
재위 981~997년

성종은 유교 제도를 정비해서 나라의 체계를 잘 세워 나갔어. 하지만 북쪽에서 거란(요나라)이 침입해서 어려운 시기도 보내야 했지.

유교 국가를 위한 성종의 정책

유교 제도 마련

왕이 덕으로 백성을 다스리고, 신하는 왕을 도와 정치를 살피는 유교식 제도들을 만들었어. 도읍과 지방에 유교 사상을 가르치는 학교도 세웠어.

최승로의 시무 28조 982년

성종은 고려를 어떻게 발전시킬지 고민했어. 이때 신하 최승로가 〈시무 28조〉를 올렸지. 유교 사상을 바탕으로 나라를 돌보는 데 필요한 방법을 정리한 거였어.

상평창 실시 993년

상평창은 곡식 값을 항상 비슷하게 만드는 기관이야. 풍년이 들어 곡식의 수확이 많거나 흉년이 들어 수확이 적어지면 값이 너무 싸지거나 반대로 너무 비싸질 수 있지. 사고파는 사람 누구도 손해를 보지 않도록 가격을 적절하게 만들어 준 거야.

거란이 고려를 다시 침략하다

중국

거란의 2차 침략 1010년
거란은 늘 고려를 경계하고 있었어. 그러던 중 고려에서 신하 강조가 7대 임금인 목종을 죽이자 그 죄를 묻겠다는 핑계로 다시 고려를 쳐들어왔지.

"고려가 송나라와 연을 끊게 해야지. 강동 6주도 다시 빼앗아라."

고려

8대 현종
재위 1010~1031년

목종이 죽고, 다음 임금이 된 현종은 거란의 침입으로 2번이나 피난을 가야만 했어.

"거란의 요구를 다 들어주겠소! 약속하리다!"

다행히도 고려 장군 양규는 현종의 약속을 받고 돌아가던 거란군을 공격해 물리치고 고려 백성 1만 명을 구했어.

에그, 피난까지 가야 하다니!

전라남도 나주

초조대장경 1011년
고려는 거란에게서 나라를 지켜달라고 부처님께 빌었어. 부처님의 가르침을 담은 초조대장경도 만들었지. 6000여 권이나 되는 엄청난 양으로 말이야.

7대 실록 정리
고려의 태조부터 목종까지 임금 7명의 일을 기록한 36권의 책이야. 거란과 전쟁으로 그때까지의 실록이 불타 버리자 현종은 1013년 7대 실록을 다시 정리하도록 했지. 하지만 지금은 전해 오지 않아.

다시는 고려를 넘보지 마!

휴, 거란과 전쟁이 27년 만에 결국 끝났네.

거란의 3차 침략 1018년
고려가 거란에게 인사를 하러 오지 않고, 강동 6주도 돌려주지 않자 거란의 장수 소배압과 10만 군사가 또 쳐들어왔어.

도망가자!

흥화진 전투 1018년
강감찬 장군은 평안북도 흥화진에서 거란과 싸워 이겼어. 강물을 막았다가 둑을 한번에 터뜨려 적을 떠내려 보내는 작전을 썼지.

귀주 대첩 1019년
강감찬 장군은 도망가는 거란군을 귀주에서도 크게 물리쳤어. 그 뒤 거란은 다시는 고려를 침략하지 못했단다.

둑을 터뜨려라!

강감찬이 있는 한 거란은 고려를 쳐들어오지 못해!

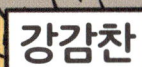
강감찬

고려가 여진을 물리치다

11대 문종
재위 1046~1083년

고려

문종은 고려의 황금기를 이끈 왕이야. 불교와 유교를 발전시키고 송나라와 교류하며 발전된 문물을 받아들였어. 여러 차례 침입한 여진도 잘 막았지.

고려의 황금기를 이끈 문종

해동공자 최충

최충은 고려의 교육을 발전시켰어. 9재 학당을 세워 인재들을 길렀지. 학문이 워낙 뛰어나서 중국의 유명한 학자인 공자에 견주어 '해동공자'라고도 불렸어.

대각국사 의천

문종은 유학뿐 아니라 백성들이 신뢰하던 불교 역시 받들었어. 흥왕사라는 절도 화려하게 지었지. 고려의 유명한 승려 대각 국사 의천은 바로 문종의 아들이야.

16대 예종
재위 1105~1122년

윤관의 별무반과 동북 9성

1 고려 북쪽 국경에서는 유목 민족인 여진족의 세력이 커졌어. 여진족은 말을 타고 싸우는 기병이 많아 고려가 상대하기 쉽지 않았지. 그래서 윤관 장군이 별무반을 만들었어.

2 윤관은 17만 군사를 이끌고 여진을 물리쳤어. **1107년** 승리한 땅에는 9성을 쌓았지. 하지만 나중에는 관리가 어려워져 9성을 다시 돌려주었어.

윤관 장군! 꼭 이기시오.

넵!

별무반은 말을 잘 타는 여진을 상대할 특수 부대이옵니다.

여진과 싸우자!

여진
천리장성
동북 9성
예종
윤관
개경
고려

무신의 난이 일어나다

17대 인종 재위 1122~1146년

고려

인종은 성품이 바르고 학문을 좋아한 왕이었어. 하지만 몇 차례의 난을 겪으며 힘든 시기를 보냈어.

이자겸의 난 1126년

1 이자겸은 인종의 외할아버지야. 15살 어린 인종을 왕으로 세우고 자기가 권력을 휘두르려 했지. 그러자 인종 편에서 이자겸을 없애기로 해.

2 하지만 이자겸이 미리 알아채고 반란을 일으켜 인종을 가두어 버렸어.

3 다시 인종 편에서는 이자겸을 돕던 척준경을 설득해서 이자겸을 잡아들였어. 이렇게 난은 끝났어.

묘청의 난 1135년

여진과의 싸움과 이자겸의 난 등으로 고려는 혼란스러웠어. 이때 묘청이라는 승려가 서경으로 도읍을 옮기자고 주장했어. 도읍을 옮기면 고려가 안정될 거라며 말이야. 하지만 김부식 등의 관리들은 도읍을 옮기는 것을 반대했어. 묘청은 서경에서 반란을 일으키지만 결국 김부식에게 지고 말았지.

묘청 ?-1135년

삼국사기 편찬 1145년
김부식은 고구려, 백제, 신라 이야기를 담은 역사책 《삼국사기》를 펴냈어. 50권으로 우리나라에서 가장 오래된 역사책이야.

김부식 1075-1151년

18대 의종
재위 1146~1170년

이자겸의 난, 묘청의 난으로 나라가 어지러운 가운데, 오늘날 군인이라고 할 수 있는 무신들이 정치를 맡던 관리 문신들을 죽이고 나라의 권력을 몽땅 차지하는 사건이 벌어졌어. 그 뒤 고려는 100년이나 무신의 세상이 되었지.

무신의 난 1170년

1 무신들이 '수박희'라는 놀이를 하던 중이었어. 젊은 문신 한뢰가 나이 많은 무신 이소응의 뺨을 때리는 일이 벌어졌어!

2 차별을 오래 받아 오던 무신들은 이 일로 분노가 폭발했어. 문신들을 죽이고는 나라의 권력을 몽땅 차지했어. 왕은 허수아비로만 세워 두었지.

망이·망소이의 난 1176년
만적의 난 1198년

칼과 군사로 힘을 얻은 무신들은 서로 치열하게 권력을 다투었고, 백성들도 무자비하게 대했어. 살기가 더 어려워진 백성들은 나라 곳곳에서 난을 일으키기 시작했어.

몽골과 40여 년간의 전쟁이 시작되다

23대 고종 재위 1213~1259년

고려

고려 왕은 고종이었지만 사실은 무신 최우가 모든 힘을 가지고 있었어.
나라가 어지러운데, 몽골(원나라)까지 고려를 침략해 왔지.

몽골의 침략

북쪽에서 세력을 키운 몽골은 고려에 사신을 보내 많은 공물(특산물)을 바치라고 요구했어. 그러던 중 고려에 왔다가 돌아가던 몽골 사신이 압록강 근처에서 죽자 이를 구실로 고려를 쳐들어왔어. 몽골과 고려는 40여 년이나 되는 긴 전쟁을 치르게 되지.

1 몽골의 1차 침략 1231년
칭기즈 칸이 통일한 나라 몽골은 중국을 넘어 유럽까지 무시무시하게 힘을 뻗쳤어. 하지만 고려군과 백성들은 귀주성에서 이들과 당당히 맞서 물리쳤어.

귀주

2 몽골의 2차 침략 1232년
몽골이 또 고려를 침략했어. 이번에도 고려군과 백성들은 처인성에서 큰 승리를 거두었어.

개경
강화도

3 강화도 천도
계속되는 몽골의 침입에 대항하기 위해 고려 조정은 강화도로 들어갔어. 그동안 백성들은 몽골과 계속 싸워야만 했지.

4 몽골의 3차 침략 1235년
몽골이 이번에는 경주까지 쳐들어왔어. 신라 때 세워진 황룡사 9층 목탑이 이때 불타 버렸어.

처인성

경주

삼별초의 항쟁

몽골과 화해하며 고려 조정은 강화도를 떠나 개성으로 다시 돌아갔어. **1270년** 하지만 무신의 군대였던 삼별초만은 남아서 몽골과 계속 싸웠어. 강화도에서 진도, 제주도로 옮겨 가면서 말이야. 그러나 결국 고려 조정과 몽골 연합군에게 지고 말았지.

진도
거제도
제주도

삼별초의 항쟁은 결국 제주도에서 끝났어.

팔만대장경 1251년
몽골과 전쟁으로 현종 때 만든 초조대장경이 불타자 고려는 팔만여 장의 대장경판을 다시 만들었어. 현재 남아 있는 세계에서 가장 오래된 목판 대장경이지.

24대 원종
재위 1259~1274년

몽골은 나라 이름을 원나라라고 바꾸었어. 전쟁은 끝났지만 고려의 많은 것을 빼앗아 가고 간섭했어.

> 원나라가 고려에 바라는 것이다. 잘 따르라!

원나라

- '쌍성총관부'와 '동녕부'에서 고려의 위쪽 땅을 관리하겠다.
- 일본까지 세력을 뻗기 위해 고려에 '정동행성'을 두겠다.
- 원나라에 고려의 특산물과 처녀들을 바쳐라.
- 고려는 원나라의 부마국(사위의 나라)이다.

5 원나라의 간섭 시작
고려가 거세게 저항하자 몽골은 화해를 청했어. **1270년** 하지만 그 뒤에도 고려 정치에 간섭하고 횡포를 부렸어.

'원나라에 충성한다'는 뜻으로 고려 왕 이름도 충렬왕, 충선왕, 충숙왕, 충혜왕… 이렇게 됐지.

사냥할 때 쓴다고 원나라에 매도 바치라는데?

무신 정권은 이제 끝났어. 하지만 원나라에 충성하는 고려 관리들이 권세를 누리며(권문세족) 또다시 백성들을 살기 어렵게 했지.

공민왕이 고려를 개혁하다

중국

원나라 쇠퇴
14세기 중엽

원나라 말에는 반란이 많이 일어났어. 그중에는 홍건적이라는 무리도 있었어. 이들은 세력을 넓히려고 고려를 침략해 왔지. 홍건적을 막기 위해 최영, 이방실, 이성계 등 고려 장군들이 나가 싸웠어.

고려

25대 충렬왕
재위 1274~1308년

25대 충렬왕부터 30대 충정왕까지 고려 왕 이름에 '충' 자를 썼어. 원나라에 충성한다는 뜻이었지.

31대 공민왕
재위 1351~1374년

시간이 흘러 원나라의 힘은 점점 약해졌어. 공민왕은 원나라의 간섭에서 벗어나기 위해 나라를 개혁하려고 해.

공민왕의 개혁
1. 왕 이름에 '충' 자를 쓰지 않는다.
2. 원나라가 개경에 세운 정동행성이문소를 없애고, 쌍성총관부를 공격한다!
3. 승려 신돈은 권문세족이 백성들에게 빼앗은 땅을 돌려주고 노비를 풀어 주어라!

삼국유사 편찬 **1281년**
승려 일연이 쓴 역사책이야. 고구려, 신라, 백제 세 나라의 역사는 물론 단군 신화와 백성들의 설화도 담겨 있지.

《삼국사기》가 유교적 시각으로 쓴 역사책이었다면, 《삼국유사》는 백성들의 이야기와 불교적 분위기도 담겨 있어.

일연은 70세가 넘은 나이에 《삼국유사》를 편찬하고, 78세에 국사(최고의 승려)가 되었어.

목화의 전래 **1360년**
문익점은 원나라에서 목화씨를 가져와 목화 재배에 성공했어. 추운 겨울에도 삼베 옷을 입던 백성들은 이제 목화솜으로 따뜻한 옷을 지어 입게 되었지.

이성계
1335-1408년

남으로는 왜구를 물리쳐라! 싸우느라 바쁘다, 바빠!

왜(일본)
왜구는 자주 고려를 침략했어. 최영, 이성계, 최무선, 박위 등 뛰어난 장군들이 나섰지만 고려는 위태로웠어.

화약과 무기를 만드는 화통도감을 설치한다!

최무선
1325-1395년

최무선의 화약 개발
중국에만 있었던 신무기인 화약을 직접 만들었어. 강력한 화포가 만들어지면서 왜구를 물리치는 데 큰 도움이 되었지.

일본

명나라 건국
1368년

원나라가 멸망하고 명나라가 세워졌어.

우린 붉은 두건을 쓰고 다녀서 홍건적이라고 불렸어.

북으로는 홍건적을 물리쳐라!

최영
1316-1388년

32대 우왕
재위 1374~1388년

공민왕이 죽은 뒤에 10살 어린 나이로 왕이 되어 힘든 시간을 보냈지.

고려를 개혁하자!

공민왕

신돈

하지만 공민왕은 홍건적이 쳐들어와 안동까지 피난을 가기도 했고, 왕비인 노국 대장 공주가 죽어 슬픔에 빠지기도 했어. 개혁은 순탄하지 못했고, 그는 결국 신하에게 죽임을 당했어.

이성계가 위화도에서 회군하다

32대 우왕 재위 1374~1388년

고려

고려에서 세력을 떨치던 권문세족들은 원나라가 쇠퇴하면서 힘을 잃었어.
그러자 신진 사대부와 신흥 무인 세력이 정치에 새롭게 나타났지.

고려 말의 정치 세력

권문세족

오랫동안 힘을 가졌던 귀족이야.
원나라를 계속 섬겨야 해.
명나라와는 절대 친할 수 없지.

나, 최영은 권문세족 출신!

원나라 편

최영

신진 사대부, 신흥 무인 세력

이색, 정몽주, 정도전은 신진 사대부야.
성리학을 공부하고 과거로 벼슬에 올랐지.

이성계, 박위, 최무선은 신흥 무인 세력이야.
홍건적과 왜구를 물리치면서
백성들에게 사랑받았어.

새로 힘을 키우는 명나라와 잘 지내야 해.
고려도 개혁해야지.

나, 이성계는 신흥 무인 세력!

VS

이성계

고려는 어떻게 될까? 정말 멸망하는 건가?

여기가 고려의 마지막 장이야. 다음 장은 조선!

위화도 회군 1388년

1 명나라는 공민왕 때 되찾은 철령 이북의 땅을 내놓으라고 했어. 이에 고려 우왕과 최영은 명나라를 공격하려 했지만 이성계는 반대했어. 공격했다가는 더 큰 위험에 빠질 거라 보았거든.

2 이성계는 왕의 공격 명령에 어쩔 수 없이 압록강의 위화도에 도착했지만 곧 개경으로 돌아왔어. 이를 '위화도 회군'이라고 해. 이유는 4가지였어.

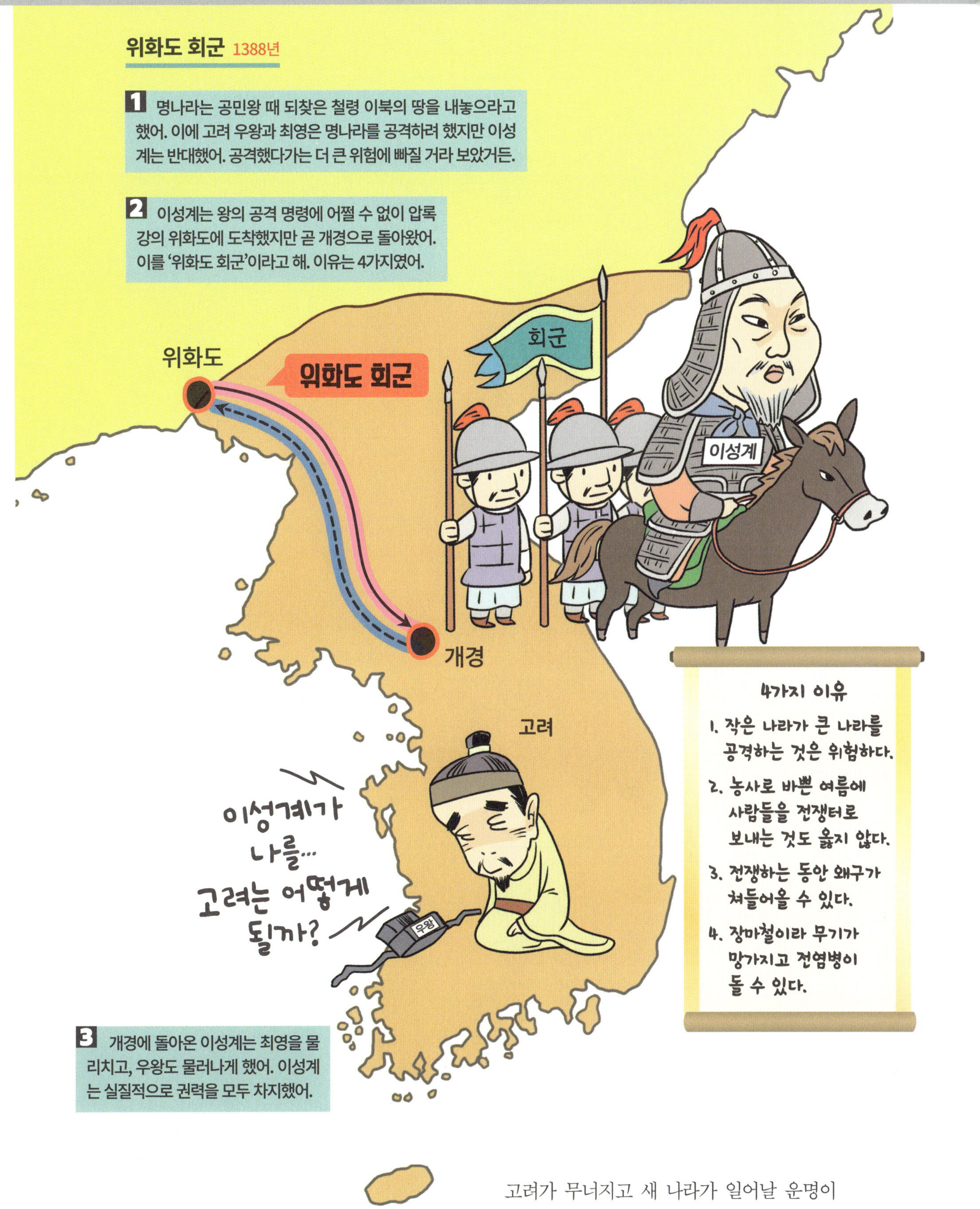

위화도 · 위화도 회군 · 회군 · 이성계 · 개경 · 고려

이성계가 나를... 고려는 어떻게 될까?

4가지 이유
1. 작은 나라가 큰 나라를 공격하는 것은 위험하다.
2. 농사로 바쁜 여름에 사람들을 전쟁터로 보내는 것도 옳지 않다.
3. 전쟁하는 동안 왜구가 쳐들어올 수 있다.
4. 장마철이라 무기가 망가지고 전염병이 돌 수 있다.

3 개경에 돌아온 이성계는 최영을 물리치고, 우왕도 물러나게 했어. 이성계는 실질적으로 권력을 모두 차지했어.

고려가 무너지고 새 나라가 일어날 운명이 눈앞에 놓이게 되었지.

새 나라 조선이 열리다

고려

33대 창왕
재위 1388~1389년

우왕이 물러나고 아들 창왕이 왕위에 올랐어. 하지만 권력은 모두 이성계에게 있었지.

이성계가 새 나라를 세우는 과정

이성계는 귀족들의 땅을 백성들에게 돌려주면서 마음을 다독이고 새로운 세상을 위한 토대를 만들었어. 또 신진 사대부들에게 힘을 실어 주었지.

34대 공양왕
재위 1389~1392년

공양왕은 고려의 마지막 왕이야. 정몽주가 죽은 뒤 이성계에게 왕위를 물려주었어. 그리고 역시 죽음을 맞지.

1 하지만 풀어야 할 숙제가 있었어. 기울어져 가는 고려를 개혁할지 완전히 새로운 나라를 세울지 신진 사대부들의 의견이 서로 달랐거든.

급진 개혁파
이미 기울어진 고려는 포기하고 새 나라를 세웁시다!

온건 개혁파
고려를 그대로 지키면서 천천히 고쳐 나가야 합니다!

이방원
1367-1422년

정몽주
1337-1392년

하여가
이런들 어떠하리 저런들 어떠하리
만수산 드렁칡이 얽혀진들 어떠하리
우리도 이처럼 얽혀 백 년까지 누리리라.

단심가
이 몸이 죽고 죽어 일백 번 고쳐 죽어
백골이 진토 되어 넋이라도 있고 없고
임 향한 일편단심이야 가실 줄이 있으랴.

2 결국 급진 개혁파의 뜻대로 되었어. 고려는 무너졌고, 정몽주는 이방원(이성계의 아들)의 손에 죽었지.

고려에 끝까지 충성했던 정몽주가 죽은 돌다리 옆에는 절개를 상징하는 대나무가 자라났어. 그 다리를 '선죽교'라고 부른단다.

1392년

1대 태조
재위 1392~1398년

조선 건국

새 나라 조선의 시작을 축하해.

이성계가 새 나라의 왕이 되었어. 1394년 개경에서 한양(서울)으로 도읍을 옮기고, 나라 이름을 조선이라고 했지.

새 나라 조선의 왕 태조 이성계!

태조

단군왕검이 세웠던 나라의 이름도 조선이야. 하지만 이성계의 조선과 구분하려고 고조선으로 불러.

새 나라 조선의 정책

숭유억불
불교를 멀리하고 유교를 받들겠다.

농본정책
농사를 나라의 근본으로 삼겠다.

사대교린
강한 명나라는 섬기고, 일본(왜), 여진과는 대등한 관계가 되겠다.

두문불출

이성계를 반대한 고려 신하들은 조선이 건국되자 두문동 골짜기로 숨어 버렸어. 이들을 나오게 하려고 불을 질렀지만 72명 고려 충신은 끝내 나오지 않고 죽음을 맞았다고 해.

우리는 재로 사라지리~

조선 왕조의 이모저모를 알아보다

조선

왕과 가족들을 부르는 이름

상왕 - 왕의 아버지
대비 - 왕의 어머니

임금이 살아 있을 때 아들에게 왕위를 물려주면 상왕이라고 불러.

임금(왕) - 나라의 왕
왕후(왕비) - 왕의 부인
후궁

왕비의 맏아들이 왕이 되는 게 원칙이야. 물론 예외도 있었어.

왕비가 있는 곳이 중전(중궁전)이어서 '중전마마'라고도 불렀어.

왕비는 한 명이지만 후궁은 여러 명 둘 수 있었어. 후궁은 '빈'이 가장 높은 자리야.

공주 - 왕과 왕비의 딸
세자 - 왕세자의 줄임말
대군 - 왕과 왕비의 아들
군 - 왕과 후궁의 아들
옹주 - 왕과 후궁의 딸

공주의 남편은 '부마'라고 불렀어.

다음 왕이 될 아들이야. 동궁전에 살아서 '동궁마마'라고도 불렀어. 세자의 부인은 '세자빈'이라고 해.

왕비의 아들이지만 왕세자가 되지 못했을 때 이렇게 불러.

궁궐에서 왕에게 쓰는 높임말

- **곤룡포** – 왕의 옷
- **통기** – 왕의 방귀
- **수라상** – 왕의 밥상
- **옥대** – 왕의 허리띠
- **옥체** – 왕의 몸
- **한우** – 왕의 땀
- **용루** – 왕의 눈물
- **옥좌** – 왕의 의자

성은이 망극하옵니다.
– 임금의 은혜가 끝이 없습니다. 감사합니다.

통촉하여 주시옵소서.
– 아랫사람인 우리의 사정을 헤아려 주세요.

2021년은 십간의 신과 십이지의 소가 만나는 신축년이야.

년도를 읽는 방법

역사책에서는 년도를 특별하게 읽기도 해. 예를 들어 '갑오개혁'은 갑오년에 일어난 개혁, '임진왜란'은 임진년에 왜군이 일으킨 전쟁이라는 뜻이지. 왜 이렇게 부를까?

옛날 중국에서는 시간을 말할 때 하늘을 뜻하는 '십간'과 땅을 뜻하는 '십이지'를 썼어. 이것을 조합해 총 60개로 '육십갑자'를 만들어 년도를 나타냈지. 61세를 나타내는 말 '환갑'은 '갑자'가 한 바퀴 돌아온다는 뜻이야.

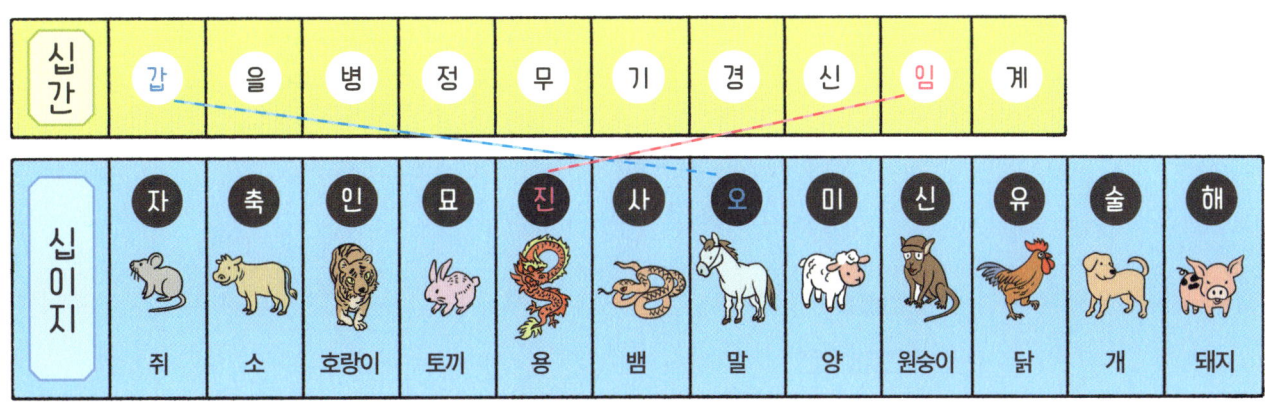

임금을 부르는 방법

특별한 업적을 이룬 왕은 '조'를 붙여. 나머지 왕은 '종'을 붙이지. 권위를 높이려고 '종'을 '조'로 바꾸기도 해. 중간에 왕에서 물러난 임금은 '군'을 붙여. 연산군이나 광해군이 그렇지.

임금의 자리와 관련된 이름

'즉위'는 임금의 자리에 오르는 것을 말해. 아버지 왕이 죽으면 세자가 즉위하지. '선위'는 왕이 있지만 병 등으로 미리 세자에게 왕위를 넘겨줄 때 써. '폐위'는 왕이나 왕비를 쫓아내는 거야.

임금을 대신해 정치할 때 쓰는 말

임금이 너무 어려서 다른 사람이 대신 정치를 돌보는 것을 '섭정'이라고 해. 임금의 어머니가 맡으면 '수렴정청'이라 하고, 임금이 아플 때 세자가 대신 정치를 돌보면 '대리청정'이라고 해.

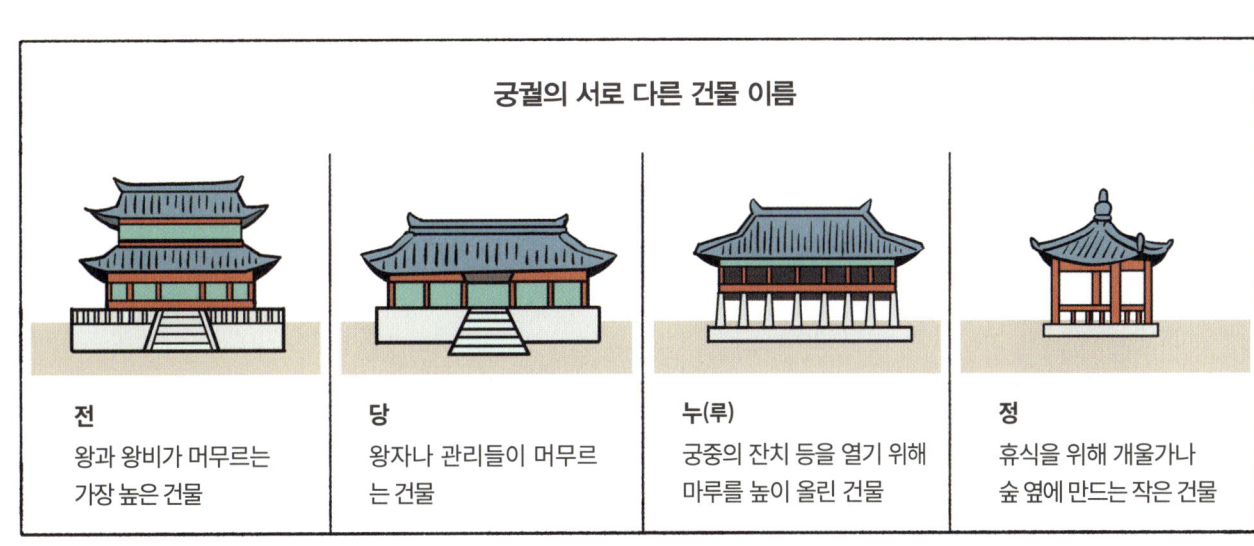

궁궐의 서로 다른 건물 이름

한양이 조선의 새 도읍이 되다

한양 천도 1394년

조선

태조는 조선의 도읍을 한양으로 결정했어. 한양을 가로질러 흐르는 한강에는 배가 오갈 수 있어 교통이 편리했고, 주변을 둘러싼 산들은 적을 막기 좋았어.

한양 도성

적이 쳐들어오지 못하도록 도읍을 둘러싸는 성벽을 쌓았어.
성벽 동서남북에는 사대문을 두어 사람들이 오가게 했지.
사대문 이름은 유학에서 중요하게 여기는 덕목 '인의예지'를 넣어 지었어.

조선의 도읍 한양은 오늘날 수도 서울로 이어져 와.

조선의 과거 제도

나라의 관리를 뽑는 과거 시험은 보통 3년에 한 번씩 열렸어.
정치를 담당하는 관리를 뽑는 문과, 군사 일을 담당하는 관리를 뽑는 무과, 기술을 담당하는 관리를 뽑는 잡과가 있었지.

조선은 유교 국가라 문과를 가장 중요하게 여겼어.

문과		무과	잡과
대과	소과	나라를 지키는 군사 관리가 되는 시험	전문 기술을 다루는 관리가 되는 시험
나라 살림을 이끌어 가는 관리가 되는 시험	성균관에 입학할 자격이 있는 생원과 진사를 뽑는 시험		

조선의 신분 제도

나라에서 정한 신분 제도가 있었어. 양인과 천민, 둘로 구분해 두었지만 실제 생활에서는 양반, 중인, 상민, 천민, 이렇게 넷으로 나누어졌지.

- **양반** 관리가 될 수 있는 높은 신분이야. 노비와 땅도 가질 수 있어.
- **중인** 역관(통역사)이나 의관(의사) 등이야. 전문 직업인이지.
- **상민** 농사를 짓는 보통 백성이야. 군대도 가고 세금도 내. 과거를 볼 수는 있지만 공부할 여유가 없었어.
- **천민** 가장 낮은 신분이야. 대부분은 노비로 나라에 속하면 공노비, 양반에게 속하면 사노비이지.

왕자의 난이 일어나다

1대 태조 재위 1392~1398년

조선

태조 이성계는 여덟 명 아들 중 막내 방석을 세자로 정했어. 그러자 다른 아들들이 불만을 품었지.
곧 임금의 자리를 두고 싸움이 일어났어!

태조의 아들들

1 방우 2 방과 3 방의 4 방간 5 방원 6 방연 7 방번 8 방석

조선을 세울 때 공을 세운 건 나인데, 세자가 못 되다니! 두고 보자.

세자가 되긴 했지만 너무 무서워.

1차 왕자의 난 1398년

방원이 난을 일으켰어. 조선을 세울 때 공을 세운 방원은 자신이 임금이 되어야 한다고 생각했지. 이 난으로 형제인 방석과 방번, 신하인 정도전과 박위 등이 죽임을 당했어.

조선에는 나처럼 강한 왕이 필요해!

왕이 되려고 형제를 죽이다니!

방원이 위험할 것 같았어. 그래서 방석을 세자로 정했는데…

방원은 난을 성공시켰고, 세자 자리를 둘째 형 방과에게 주었어.
태조 이성계는 아들들의 싸움에 크게 실망해 함흥으로 가서는 나오질 않았어.
이방원이 태조 임금에게 신하(차사)들을 보냈지만 모두 죽임을 당했지.
한 번 가면 돌아오지 않는다는 '함흥차사'라는 말이 바로 여기서 나온 거야.

2대 정종
재위 1398~1400년

1차 왕자의 난이 있고 나서, 정종(둘째 방과)이 왕위에 올랐지만 실제 권력은 모두 방원에게 있었어.

왕이 되긴 했지만 방원이 너무 무서워.

방원아, 내가 잘못했어. 제발 살려 줘~

방간

2차 왕자의 난 1400년
이번에는 넷째 아들인 방간이 방원을 죽이려 했어.

개성 한복판에서 방원과 방간의 군사가 치열하게 싸웠어. 승리는 결국 이방원의 차지가 되었어. 방간은 유배를 떠났지.

이방원

왕권이 강한 나라를 만들 거야!

방원에게 맞설 사람은 이제 없었어.
이방원은 조선 3대 임금인 태종의 자리에 올랐지.

조선

태종이 왕권을 강화하다

3대 태종
재위 1400~1418년

태종은 왕자의 난으로 많은 사람을 죽였지만, 임금이 되어서는 조선의 기틀을 튼튼하게 다지기 위해 노력했어.

나라의 기틀을 다지자!

강한 왕권을 위한 태종의 정책

사병 제도 없앰

사병은 귀족들이 개인적으로 거느리던 군사야. 이제 임금만이 군사를 가지도록 해서 왕권을 강화시켰어.

앗, 내 사병!

왕을 중심에 둔 정치

왕이 직접 나라를 다스리기 위해 제도들을 손보았어. 의정부를 새롭게 만들어서 신하들이 왕과 긴밀하게 힘을 모으도록 했어. 나중에는 육조에서 왕에게 업무를 직접 보고하게 했지. 왕이 더 많은 부분에서 나라 정치를 직접 이끈 거야.

왕 / 의정부 / 육조 / 이조 호조 예조 병조 형조 공조

태종은 왕권 강화를 중요하게 생각해서 세자를 정하는 데에도 신중했어. 결국 셋째 충녕 대군에게 왕위를 물려주는데, 바로 세종대왕이지!

호패 사용

16살 이상 남자는 나무 신분증인 호패를 지니도록 했어. 군대 갈 사람을 모으거나 세금을 걷기가 더 편해졌지.

유교 숭상

유교를 나라의 중심 사상으로 키우고 불교는 억압했어. 절은 산속으로 숨기 시작했지.

전국 8도

전국을 8도로 나누어 관리했어. 지금까지도 그대로 이어져 오지. 도의 이름은 두 지방의 이름을 따서 지었어.

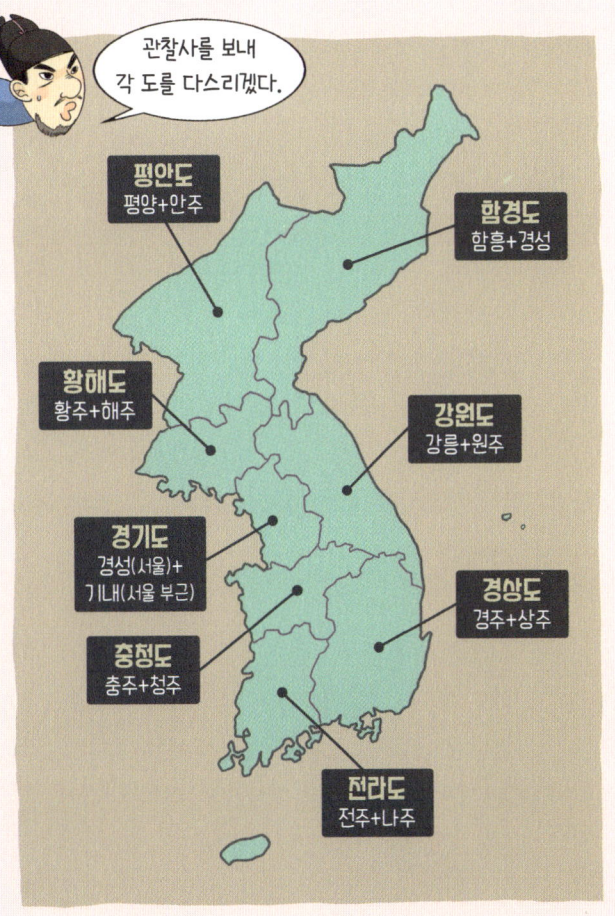

조선

세종이 한글을 창제하다

4대 세종
재위 1418~1450년

세종은 나라를 안정시키고 국방을 튼튼히 했어. 또 한글을 창제하는 등 조선의 문화와 기술 등을 눈부시게 발전시켰어.

세종 대왕의 업적

한글 창제

소리를 적을 우리글이 없어 한자를 쓰던 백성들을 위해 한글을 창제했어. 1446년에 처음 반포될 때는 자음 17자와 모음 11자, 총 28자로 되어 있었는데 지금은 24자만 쓰이고 있어.

집현전 학문 연구

학문 연구 기관인 집현전을 세워 황희, 맹사성, 성삼문, 하위지 등 뛰어난 학자를 키웠어. 농업부터 과학까지 다양한 학문을 연구하고 책도 많이 펴냈지.

4군 6진 설치, 대마도 정벌

세종은 국방을 튼튼히 했어. 북쪽의 여진족을 몰아내고 최윤덕은 4군을 1443년, 김종서는 6진을 설치해 땅을 넓혔어. 1449년 이것이 우리나라의 국경선이 되었지. 이종무는 쓰시마섬(대마도)을 정벌했어. 1419년

음악의 발전

세종은 박연에게 궁중 음악인 아악을 다듬도록 해서 나라의 공식 행사 때 쓰는 음악을 새롭게 정리했어. 박연은 고구려의 왕산악, 신라의 우륵과 함께 우리나라 3대 악성으로 알려져 있어.

박연 1378-1458년

다양한 책 편찬

농사법을 자세히 적은 《농사직설》 1429년, 바른 마음을 배우도록 하는 《삼강행실도》 1434년를 펴내 백성들의 삶에 도움을 주었어.

과학 기술 발전

과학자 장영실을 등용해 나라를 위해 쓰일 여러 발명품을 만들도록 했어.

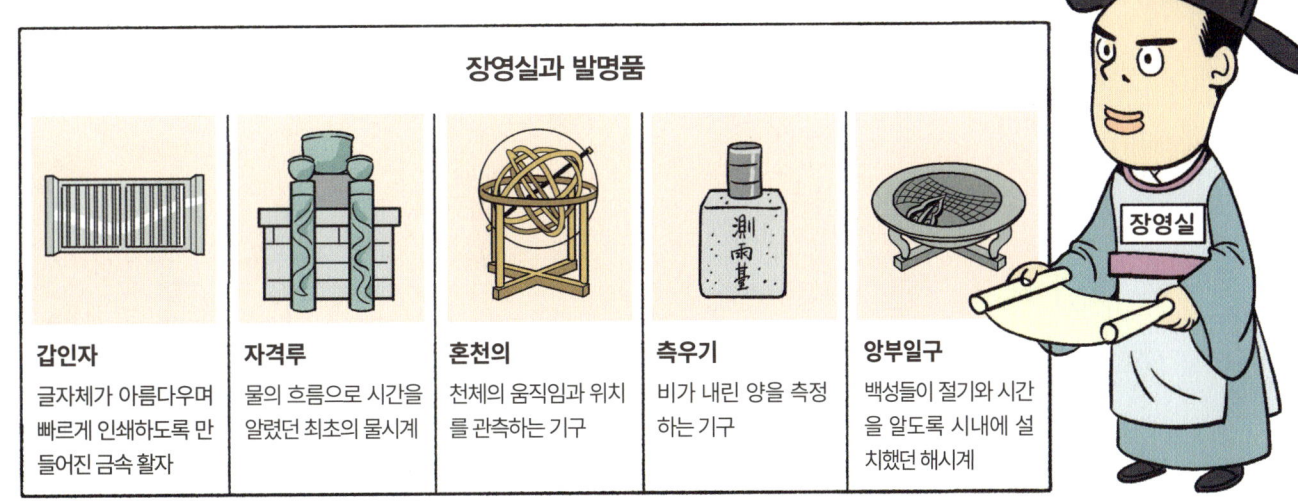

장영실과 발명품

갑인자: 글자체가 아름다우며 빠르게 인쇄하도록 만들어진 금속 활자

자격루: 물의 흐름으로 시간을 알렸던 최초의 물시계

혼천의: 천체의 움직임과 위치를 관측하는 기구

측우기: 비가 내린 양을 측정하는 기구

앙부일구: 백성들이 절기와 시간을 알도록 시내에 설치했던 해시계

세조가 왕위에 오르다

조선

5대 문종
재위 1450~1452년

세종의 맏아들 문종이 왕위를 이었어. 어질고 명석했지만 몸이 약했어.

6대 단종
재위 1452~1455년

문종이 죽자 단종이 12살로 왕이 되었어. 그러나 삼촌인 수양 대군이 임금의 자리를 넘보고 있었지.

세조가 왕이 되기까지

1 왕이 된 지 2년 만에 문종이 세상을 떠나자 어린 아들 단종이 왕위를 이어받았어.

2 삼촌 수양 대군은 어린 임금 단종의 자리를 욕심내게 돼.

3 수양 대군은 단종을 돕던 신하들인 황보인, 김종서를 죽이고 스스로 임금이 되었어. **계유정란 1453년**

7대 세조
재위 1455~1468년

수양 대군이 단종의 자리를 빼앗고, 조선의 임금이 되었어.

왕은 나! 세조다!

4 집현전의 학자 성삼문, 박팽년 등은 단종을 다시 임금의 자리에 올리려 했어. 하지만 결국 실패하고 죽음을 맞았어. 이 신하 6명을 '사육신'이라고 불러.

단종을 끝내 지키다가 죽은 **사육신**
유성원 / 유응부 / 성삼문 / 박팽년 / 하위지 / 이개

5 단종은 강원도 영월로 유배를 떠났고, 곧 죽음을 맞았어. 1457년

"단종을 없애길 잘하셨습니다."

신숙주 1417-1475년

세조는 약해진 왕권을 강화시켰어. 의정부 신하들의 힘을 줄이려고 육조에서 의정부를 거치지 않고 직접 왕에게 업무를 보고하도록 했어. 조선의 법전《경국대전》을 만들기 시작했고, 나라의 문물도 정비했지.

신숙주는 수양 대군의 편에 섰던 신하야. 단종을 배신했다고 해서 변절자로 불렸어. 쉽게 상하는 녹두나물을 숙주나물로 부르게 된 것도 여기서 시작된 거야.

성종이 조선의 법전을 완성하다

조선

8대 예종 재위 1468~1469년

세조의 맏아들 의경 세자가 병으로 죽자 둘째 예종이 임금이 되었지만, 예종도 곧 세상을 떠났어.

9대 성종 재위 1469~1494년

예종이 죽었을 때 아들인 제안 대군의 나이가 너무 어렸어. 그래서 의경 세자의 아들 자을산군이 왕위에 올랐어. 바로 성종이야.

성종의 업적

홍문관 설치
세종 때 집현전과 같은 학문 연구 기관인 홍문관을 두었어.

국경 방어
압록강과 두만강에서 여진족을 몰아내고 국경을 튼튼히 했어.

여진은 물러가라!

《경국대전》 간행 1485년
최고의 법전 《경국대전》을 펴냈어. 이를 바탕으로 조선의 정치, 사회, 경제 활동이 이루어졌단다.

태평성대~

나라 안정
신하들 힘이 한쪽으로 몰리지 않게 균형을 맞추고, 정치를 안정시켰어. 나라가 아주 평화로웠단다.

하지만 성종에게는 가족 문제가 있었어. 결국 폭군 연산군이 탄생하게 되었지.

연산군의 이야기

1 성종은 왕비(연산군의 어머니)와 사이가 좋지 않았어. 어느 날 왕비가 성종 얼굴에 손톱 자국을 내고 말았지.

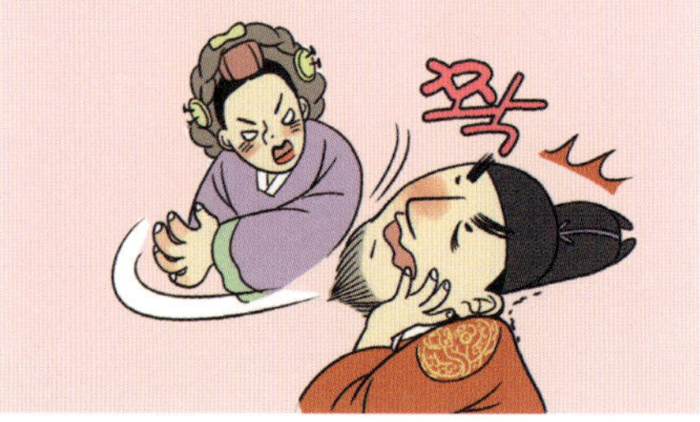

2 결국 왕비는 궁에서 쫓겨나 사약을 받았어.

내 아들~ 엄마의 한을 풀어다오~

10대 연산군
재위 1494~1506년

성종의 맏아들 연산군이 왕위에 올랐어. 하지만 온갖 포악한 정치로 백성들을 괴롭히다가 왕의 자리에서 쫓겨났어. 오늘날까지도 폭군으로 여겨지고 있지.

난 폭군이라고!

내 어머니를 죽이는 데 찬성한 신하 누구냐?

나를 꾸짖는 할머니 인수 대비! 머리로 들이받을 거예요!

쓴소리하는 사간원과 홍문관도 없애!

돈은 펑펑 써야지, 나라가 망할 때까지!

나를 비판하는 글? 다 불태워!

3 어머니가 사약을 먹고 죽었다는 사실을 알게 된 뒤로 연산군은 몹시 포악해졌어. 참다못한 신하들은 연산군을 임금의 자리에서 쫓아냈어.

임금의 자리에서 이제 내려가시오!

나 연산군이 결국 쫓겨나는구나.

강화도

훈구파와 사림파가 맞서다

11대 중종
재위 1506~1544년

조선

연산군의 동생 중종이 왕위에 올랐어. 이때는 훈구파와 사림파 신하들이 힘을 겨루면서 나라가 소란스러웠어. 훈구파는 세조가 왕이 되도록 도왔던 신하들 무리였고, 사림파는 훈구파에 맞서는 신하들 무리였지.

조광조의 개혁

1 세조 때부터 연산군 때까지는 훈구파 신하들이 조선을 뒤흔들 정도로 힘이 셌어. 중종은 힘이 한쪽으로 몰리는 것을 막으려고 다른 정치 세력인 사림파에 힘을 실어 주었어.

2 조광조는 나라를 개혁하는 정책을 과감하게 냈어. 하지만 이를 싫어한 훈구파들이 못된 일을 꾸몄어. 나뭇잎에 꿀로 '주초위왕'이라는 글을 새겨 두고 벌레가 갉아먹도록 한 거야.

3 이 일로 중종은 오히려 조광조를 의심하게 돼. 결국 조광조와 사림파를 쫓아냈고, 죽이기도 했단다.
기묘사화 1519년

12대 인종
재위 1544~1545년

중종의 맏아들 인종이 왕위를 이었어. 하지만 9개월 만에 세상을 떠났지.

조선의 화가

이 시기 조선의 화가로 오늘날까지 유명한 사람이 신사임당이야. 뛰어난 학자 율곡 이이의 어머니이기도 하지.

> 꽃과 벌레 등 작은 생명들을 그리는 걸 좋아했어.

신사임당
1504-1551년

13대 명종
재위 1545~1567년

인종의 동생 명종이 12살로 왕이 되었어. 명종이 어렸기 때문에 어머니 문정 왕후가 정치를 대신했지. 문정 왕후와 그 동생 윤원형이 권력을 쥐고 휘둘렀고, 외척(문정 왕후의 친척)들 사이에서 힘 싸움이 벌어지기도 했어. 을사사화 1545년

명종 때의 어려움

> 어머니…

문정 왕후

왜구의 침입

삼포왜란1510년과 을묘왜변1555년이 일어나는 등 이 시기에는 왜구가 자주 쳐들어왔어.

임꺽정
?-1562년

임꺽정의 활약

황해도에서는 의적 임꺽정이 욕심 많은 관리의 재물을 빼앗아 어려운 백성들에게 나누어 주었어.

이황, 도와주세요!

이황의 제자 양성

퇴계 이황은 성리학을 깊게 연구한 조선의 학자야. 조정에서 권력 다툼이 계속되자 관직을 떠나 고향에서 학생들을 가르치는 데 힘을 쏟았어.

> 전하, 저는 학생들만 가르치고 싶습니다.

이황
1501-1570년

임진왜란이 일어나다

조선

14대 선조 재위 1567~1608년

조선은 큰 전쟁 없이 200년 동안이나 평화로운 시기를 보냈어. 하지만 일본의 움직임이 수상해지고 있었어. 조선을 침략할 계획을 세우고 있었던 거야.

1 이이의 10만 양병설 1583년
율곡 이이는 전쟁에 항상 대비해야 한다고 주장했어. 10만 군사를 키우자고 했지만 받아들여지지는 않았지.

2 임진왜란 1592년
임진왜란이 일어났어. 왜군은 순식간에 부산을 지나 20여 일 만에 한양으로 올라왔어. 임금 선조는 피난을 떠났어.

충무공 이순신
임진왜란 때 바다에서 활약하며 전쟁을 승리로 이끌었어. 전쟁 중에 《난중일기》를 썼고, 돌격선인 거북선도 만들었어. 옥포, 한산도, 명량 등에서 모두 승리하여 왜군은 바닷길로 더 올라올 수 없었지. 하지만 마지막 전투인 노량 해전에서 안타깝게도 죽음을 맞았어.

이순신 1545-1598년

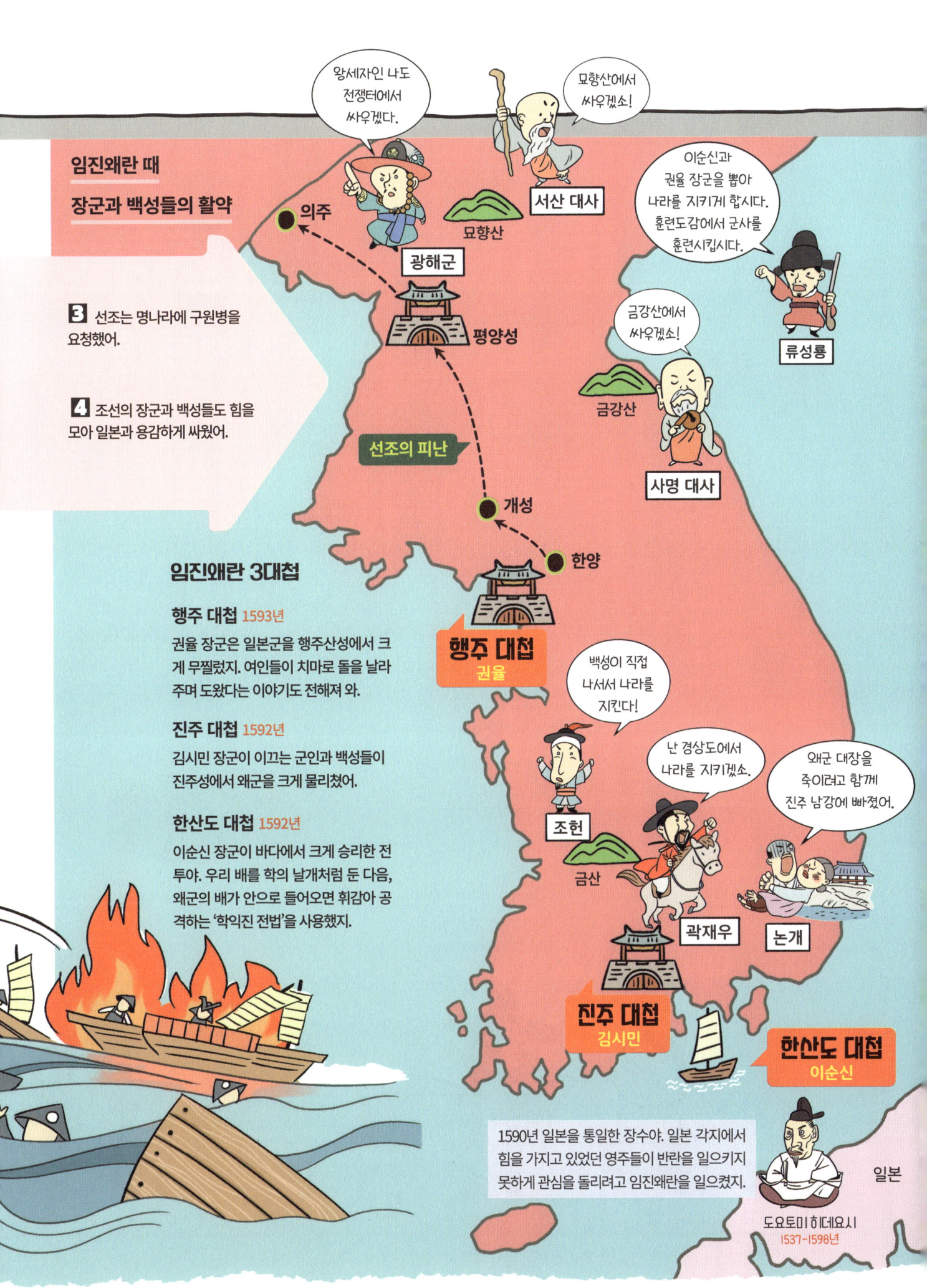

광해군이 중립 외교를 펼치다

중국

조선

14대 선조
재위 1567~1608년

일본과 7년 전쟁의 마무리

1 휴전
1593년 4월 조선과 일본은 전쟁을 멈추었어.

2 정유재란 1597년
1597년 일본이 또 쳐들어왔어. 조선은 용감히 싸워 다시 왜군을 물리쳤지.

3 전쟁의 끝 1598년
7년간 전쟁이 끝났어. 하지만 경복궁과 불국사가 불탔고, 《조선왕조실록》도 훼손되었어. 우리 백성들이 일본에 강제로 끌려가기도 했지.

조선의 시인과 소설가 남매

허난설헌은 뛰어난 시인이었어. 중국과 일본에서 책이 나오기도 했을 정도야. 그 동생인 허균은 최초의 한글 소설 《홍길동전》을 썼어. 능력 있는 사람이 꿈을 펼치지 못하게 하는 조선의 신분 제도 등 사회 문제를 비판했지.

15대 광해군
재위 1608~1623년

임진왜란 때 전쟁터에 직접 나가 싸운 광해군은 백성들에게 인기가 높았어. 하지만 나중에는 연산군처럼 왕의 이름을 빼앗기고 말았어.

대동법 실시 1608년

이때 세금은 지역 특산물로 냈어. 하지만 특산물은 구하기 어려울 때도 있고, 대신 내주는 일을 하는 상인들이 이득을 많이 챙기기도 했어. 그래서 쌀로 세금을 내도록 통일했지.

후금(청나라) 건국
1616년

누르하치가 여진족을 모아 후금을 세웠어.
그 뒤 청나라로 이름을 바꾸지.

조만간 만나자!
기다려, 조선!

중립 외교

광해군은 중국의 상황을 잘 지켜보면서 현명한 외교를 펼쳤어. 북쪽의 명나라, 후금 모두와 적이 되지 않는 방법으로 전쟁을 막고, 조선의 평화를 지켰지.

중립 외교를 하자!

전쟁이 이제야 끝났으니 지금은 무엇보다 평화가 중요해.

원래 있던 명나라, 세력을 키우고 있는 후금, 두 나라와 모두 잘 지내야지.

광해군

명나라   후금

광해군의 중립 외교와 개혁에 불만을 가진 신하들도 있었어. 이들은 광해군이 왕이 될 때 동생 영창 대군을 쫓아내고 어머니 인목 대비도 물러나게 한 것을 빌미로 결국 광해군을 내쫓았어. **1623년**

중립 외교?
개혁 정치?
우리는 반대!

광해군!
왕의 자격이
없다!

두 번의 전쟁을 다시 겪다

중국 — 후금(청나라)

명나라와 싸움을 준비하고 있던 후금은 명나라 편에 있는 조선이 마음에 들지 않았어.

"이쯤에 조선을 쳐들어가 볼까?"

정묘호란 1627년

후금은 명나라와 가까운 조선을 억누르고 필요한 물자를 빼앗기 위해 조선을 침략했어.

인조는 후금에 쫓겨 강화도로 피난을 갔어. 후금과 '형제의 나라'의 관계를 맺고 나서야 전쟁이 끝났지.

조선

16대 인조 재위 1623~1649년

광해군이 물러나고 인조가 왕위에 올랐어. 후금(청나라)이 두 번이나 침략해 와서 매우 어려운 시기를 보냈지.

삼전도의 굴욕이구나!

"조선의 임금에게 3번 절하고 9번 땅에 머리를 찧으라니, 수치스럽다."

쿵! 쿵! 쿵!

인조

청나라 중국 통일
1644년

명나라가 멸망하고 청나라는 중국을 통일했어.

병자호란 1636년
후금이 청나라로 이름을 바꾸었어. 그리고 조선과 명나라의 관계를 완전히 끊게 하기 위해 조선을 다시 침략했어.

4만 청나라 군이 몰려오자 인조는 또 남한산성으로 몸을 피했어. 청나라 태종은 남한산성을 완전히 포위했지. 조선 신하들은 청나라에 끝까지 맞서느냐 항복하냐를 두고 편이 갈렸어.

삼전도의 굴욕
인조는 청나라 태종이 와 있는 삼전도로 가서 머리를 숙이고 항복했어. 이것을 '삼전도의 굴욕'이라고 불러. 이제 형제의 나라가 아닌 '신하의 나라'가 된 것이지.

17대 효종
재위 1649~1659년

병자호란 때 인조의 아들인 소현 세자와 봉림 대군은 청나라에 인질로 끌려갔어. 둘은 8년 뒤에 조선으로 돌아왔는데, 청나라에 대한 생각이 서로 아주 달랐어.

청나라를 배우자

청나라에는 서양 문물이 벌써 들어와서 우리보다 앞서 있어. 이걸 배워서 조선도 성장해야 해.

소현 세자
1612-1645년

청나라를 물리치자

임금(효종)이 되어 청나라를 정벌하자는 북벌 운동을 펼쳤지만 이루지는 못했지.

봉림 대군
1619-1659년

소현 세자가 갑자기 세상을 떠나자 동생 봉림 대군이 왕이 되었어. 바로 17대 임금 효종이야.

조선은 명나라와 관계를 끊어라!

청태종

삼학사
병자호란 때 청나라에 항복하는 것을 끝내 반대한 홍익한, 윤집, 오달제, 세 명의 학자야. 결국 청나라로 끌려가 죽음을 맞았어.

남인과 서인이 팽팽하게 맞서다

조선

18대 현종
재위 1659~1674년

효종의 아들 현종이 왕위에 올랐어. 이때 남인과 서인 신하들은 효종의 장례를 어떻게 치를지를 가지고 서로 다투었어.

효종의 왕비 장례를 치를 때에도 대결했지.

이처럼 남인과 서인은 성리학의 예법을 두고 학문적 논쟁을 벌였어. 이는 나아가 두 신하 집단의 힘겨루기이기도 했지.

19대 숙종
재위 1674~1720년

현종의 아들 숙종이 왕이 되었어. 남인과 서인의 싸움도 더욱 치열해졌지. 드라마에서 자주 등장하는 장 희빈이 살던 시기가 바로 이때야.

남인과 서인의 대결

1 숙종의 첫 왕비는 죽고, 두 번째 왕비였던 인현 왕후에게는 아기가 없었어. 숙종은 궁녀 장옥정을 총애하게 되어 후궁으로 삼았지.

울릉도 지킴이

어부 안용복은 1693년 울릉도에서 허락 없이 고기를 잡던 일본 어선을 꾸짖다가 일본으로 끌려갔어. 하지만 끝까지 울릉도와 독도가 우리 땅임을 주장해 결국 일본의 사과를 받아냈단다.

2 장옥정은 왕자를 낳았어. 왕자는 세자로, 장옥정은 장 희빈으로 신분이 올랐지. 장 희빈은 남인 쪽 사람이어서 남인의 세력도 커졌어.

3 숙종은 인현 왕후를 궁 밖으로 내보냈어. 장 희빈은 이제 왕비가 되었어. 남인은 세력이 더 커졌고, 인현 왕후 쪽 서인은 위태로워졌어.

4 하지만 얼마 뒤 숙종은 후궁 최 씨(최 숙빈)를 총애하게 돼. 최 숙빈의 아들이 바로 제21대 임금 영조야. 최 숙빈은 인현 왕후와 서인 쪽에 가까웠지.

5 숙종은 인현 왕후를 다시 왕비로 올렸어. 서인도 힘을 더 얻게 되었지.

6 몇 년 뒤 인현 왕후가 죽었어. 숙종은 장 희빈이 인현 왕후를 저주한 것을 알고는 사약을 내렸어.

드라마를 보면 숙종은 여러 여인 사이에서 변덕을 부렸던 왕으로 보이기도 해. 하지만 그 뒤에는 남인과 서인, 두 정치 세력의 다툼이 있었던 거야.

영조가 탕평책을 펼치다

조선

20대 경종
재위 1720~1724년

장 희빈의 아들이 다음 왕의 자리를 이었어. 바로 경종이야. 이때에도 소론과 노론 신하들의 대결이 이어지고 있었지. 그러다 경종이 갑자기 죽음을 맞았어.

경종의 죽음

경종의 죽음은 연잉군이 보낸 음식을 먹었기 때문이라는 소문도 돌았어.(연잉군은 나중에 영조 임금이 돼.) 경종의 어머니는 장 희빈, 연잉군의 어머니는 최 숙빈으로 경쟁 관계였으니 말이야.

영조 시대 암행어사

암행어사는 임금의 특별 명령으로 지방 벼슬아치들이 백성들을 잘 다스리는지 몰래 가서 살피고 잘못된 점을 바로잡는 일을 하던 관리야. 박문수는 가난한 백성을 위하고 정의를 지킨 암행어사로 유명하지.

21대 영조
재위 1724~1776년

최 숙빈의 아들 연잉군이 다음 임금이 되었어. 바로 영조야. 영조는 신하들이 세력을 나누어 싸우지 못하게 하고, 왕의 힘을 키워 백성들을 위하는 일에 집중하고자 했지.

백성들을 위한 영조의 업적

탕평책

어느 세력의 신하들만 뽑아 쓰지 않고 왕을 잘 따르고 능력 있는 신하라면 두루 뽑았어. 그런 의미를 담아 탕평비도 세웠지.

신문고

백성의 억울함을 잘 들을 수 있도록 신문고 제도를 다시 운영했어. 백성들에게 내리는 잔인한 벌을 없애고, 죽을죄를 지어도 3번은 꼭 조사를 받을 수 있도록 했어.

사도 세자의 죽음 1762년

사도 세자는 영조가 마흔이 넘어 얻은 귀한 아들이었어. 하지만 클수록 사도 세자는 영조의 기대에 어긋나 미움을 받았어. 여기에 외척들까지 끼어들면서 둘 사이는 더 나빠졌지. 결국 사도 세자는 뒤주에 갇혀 죽고 말았단다.

아바마마 살려주세요

탕평책을 펼친다!

왕권을 강하게!

영조

균역법

백성들이 군대에 가는 대신 내는 세금이었던 베 2필을 1필로 줄여 주었어. 이로써 백성들의 부담이 크게 줄어들었지.

베 2필을 1필로!

정조가 조선의 황금기를 열다

22대 정조
재위 1776~1800년

조선

사도 세자의 아들이 정조야. 할아버지 영조의 정책을 이어받아 능력 있는 신하들을 고루 뽑아 쓰고 왕권을 강하게 했어. 조선 후기 황금기를 이룬 왕이지.

조선의 황금기를 연 정조

왕의 보좌 기관, 규장각

왕의 보좌 기관인 규장각을 세우고, 뛰어난 인재들을 모아 학문을 연구하도록 했어. 정조가 개혁 정치를 펼칠 때 규장각 신하들이 큰 힘이 되었어.

수원 화성, 여기서 개혁의 꿈을 이루리라!

정조

조선을 대표하는 풍속화가

김홍도 1745-?년

씨름

그림을 맡는 관청인 도화서의 화가였어. 〈서당〉, 〈씨름〉 등 평범한 백성들 모습도 그리기 좋아했어.

신윤복 1758-?년

전모를 쓴 여인

양반이나 기생들의 모습을 주로 그렸어. 가는 선과 화려한 색채의 그림으로 유명해.

조선의 기부 천사

김만덕은 제주도에서 장사를 해서 부자가 된 사람이야. 1795년 큰 태풍이 와서 백성들이 어려워지자 전 재산을 내놓았지. 정조가 그 마음에 감동해 금강산 여행을 보내 주었대.

어려운 분들께 곡식을 나눠 드려요~

김만덕
1739-1812년

 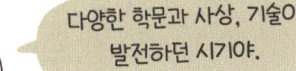 

다양한 학문과 사상, 기술이 발전하던 시기야.

수원 화성 1796년

정조는 아버지 사도 세자의 묘를 오늘날 수원으로 옮겼어. 또 화성을 짓기 시작했지. 왕권 강화와 경제 발전을 위해 계획된 도시가 수원이란다.

뛰어난 관리, 정약용

수원 화성을 설계하고, 성을 짓는 데 필요한 첨단 기계를 만들어 냈어. 도르래의 원리로 무거운 물건을 쉽게 들 수 있게 한 거중기, 무거운 짐을 한데 실을 수 있는 수레 유형거를 탄생시켰지.

정약용
1762-1836년

조선의 새로운 변화

실학의 등장

여러 차례의 전쟁과 신하들의 세력 다툼 등 혼란 속에서 개혁을 외치는 사람들이 나타났어. 나라를 발전시키기 위해 외국 문물을 배우고 백성에게 실제 도움이 되는 학문을 연구하자는 흐름도 생겨났지. 그게 바로 실학이야.

천주교 전파

청나라를 통해 서양의 종교 천주교(서학)가 전해졌어. 누구나 평등하다는 가르침은 백성들에게 큰 인기를 끌었지.

신분에 관계없이 우리는 평등합니다~

조선의 실학자

박지원 1737-1805년
외국의 앞선 문물을 배우러 청나라에 갔어. 《열하일기》라는 청나라 기행문을 썼지.

정약전 1758-1816년
정약용의 형이야. 흑산도 바다 생물을 다룬 책 《자산어보》를 썼어.

홍대용 1731-1783년
조선의 코페르니쿠스로 불려. 우주를 관찰해서 지구가 둥글며, 돌고 있다는 사실을 알아냈어.

박제가 1750-1805년
청나라의 앞선 문물과 조선이 배울 점을 《북학의》라는 책으로 남겼어.

세도 정치로 나라가 휘청이다

23대 순조 재위 1800~1834년

조선

순조는 정조의 둘째 아들이야. 11세 어린 나이에 왕이 되었지. 이 시기는 외척의 힘이 컸던 데다 자연재해와 홍경래의 난도 일어나서 나라가 어려웠어.

세도 정치

세도 정치는 왕실의 친척이나 신하가 권력을 차지하는 것을 말해. 순조의 장인 김조순(안동 김씨)이 임금 대신 나라의 권력을 차지했어. 헌종과 철종 때까지 60여 년이나 이 같은 세도 정치가 이어졌단다.

삼정의 문란

세도 정치가 이어지면서 부패한 관리들은 백성들에게 세금을 많이 거두고 높은 이자를 매겼어.

- 환곡 : 봄에 곡식을 빌리고 가을에 갚을 때 내는 이자
- 전정 : 땅을 가지고 농사를 짓는 대가로 내는 세금
- 군정 : 남자가 군대에 가는 대신 내는 세금

세 가지 세금 제도가 어지러워졌다고 해서 삼정의 문란이라고 해.

홍경래의 난 1811년

백성들은 살기가 점점 고통스러워졌어. 홍경래는 평안도에서 농민들과 함께 봉기를 일으켰지.

천주교의 등장과 전파

이승훈 1756-1801년

조선에서 처음으로 천주교 세례를 받고 한국천주교회를 세웠어. 하지만 조선이 천주교를 박해하면서 목숨을 잃었어.

김대건 1821-1846년

우리나라 최초의 천주교 신부야. 중국에서 신부가 되었고, 조선으로 돌아와 천주교를 전파했지.

동학의 등장과 전파

최제우 1824-1864년

천주교(서학)에 맞서 우리나라 민족 종교 동학을 창시했어. 1860년 평등사상을 내세운 동학도 나라의 탄압을 받았단다.

24대 헌종
재위 1834~1849년

8살에 왕이 되었어. 어린 왕을 대신해 헌종의 어머니 신정 왕후와 풍양 조씨 집안이 권력을 휘둘렀지.

25대 철종
재위 1849~1863년

헌종이 자식 없이 죽자 강화도에서 평민처럼 생활하던 친척이 얼떨결에 왕이 되었어. 바로 철종이야. 권력은 순원 왕후가 중심인 안동 김씨 집안으로 돌아갔어.

욕심 많은 관리들, 더 이상은 못 참아!

진주 농민 봉기 1862년
농민들이 더욱 세차게 일어났어. 진주 농민 봉기를 시작으로 멀리 제주까지 백성들이 모두 들고 일어났지. 이 일은 나중에 동학 농민 운동으로 이어졌어.

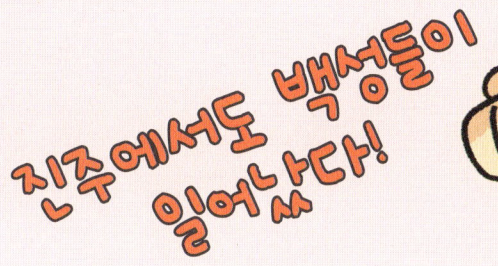

진주에서도 백성들이 일어났다!

대동여지도 제작 1861년
김정호는 여러 자료를 연구하고 체계적으로 정리하여 우리나라 지도를 제작했어. 바로 〈대동여지도〉야. 오늘날 지도와 견주어도 아주 정확하다는 평가를 받지.

정확한 지도는 나라 발전에 꼭 필요하지.

김정호
?-?년

흥선 대원군이 쇄국 정책을 펼치다

세계

세계는 변하고 있었어. 18세기 중반 영국에서는 산업 혁명이 일어나 생활상이 바뀌고, 1789년에 일어난 프랑스 혁명은 개인의 자유와 평등을 깨닫게 했지.

조선

26대 고종
재위 1863~1907년

고종이 임금의 자리에 올랐지만 아직 12살이었어. 그래서 그 아버지인 흥선 대원군이 10년 동안 나라를 대신 다스리지.

나, 흥선 대원군이 정치를 개혁하겠다!

흥선 대원군의 개혁 정치

경복궁 재건
경복궁은 조선 왕조를 대표하는 궁궐이야. 임진왜란 때 불탄 경복궁을 고쳐 왕조의 권위를 세우려 했어.

서원 철폐
서원은 제사를 지내고 양반 자손들을 가르치던 곳인데, 점차 여러 특권을 누리며 백성들을 괴롭혔어. 이런 서원을 정리하고 양반에게도 세금을 매겼지.

부패한 정치 개혁
백성들을 괴롭히던 세도 정치를 끝내려 했어. 집안에 상관없이 능력 있는 관리를 뽑았지. 외척들의 힘이 커지는 것을 걱정해서 고종의 왕비로는 힘없는 집안의 자식을 골랐어. 그게 바로 명성 황후야.

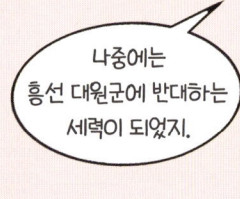

나중에는 흥선 대원군에 반대하는 세력이 되었지.

명성 황후

제가 시키는 대로 하세요!

고종

일본

19세기 후반, 일본에서는 무사들이 권력을 휘두르던 막부 시대가 끝나고 천황을 중심으로 정치가 이루어지게 돼.

또 미국은 1861년 남북 전쟁이 일어나 혼란스러웠지.
그러면 이 시기 우리의 모습은 어땠을까?

조선을 찾아온 나라와 여러 사건들

1 병인양요 1866년
조선에서 천주교를 탄압하면서 프랑스 선교사가 죽게 돼. 그 일로 프랑스는 함선을 보내 강화도를 공격했어. 다행히 프랑스를 물리치면서 조선은 위기에서 벗어났어.

프랑스 선교사

2 신미양요 1871년
미국의 상선 제너럴셔먼호가 교역을 하자며 조선을 찾아왔어. 조선은 이를 거절하며 우리를 위협하는 배를 공격해 불태워 버렸지. 그러자 몇 년 뒤 미국 함선이 강화도로 다시 쳐들어와서 전투를 벌인 사건이야.

3 쇄국 정책과 척화비
흥선 대원군은 이런 사건들에 위기감을 느끼고, 외국 세력과의 교류를 더욱 반대했어. 나라 문을 잠근다는 뜻으로 전국에 '척화비'까지 세웠지.

서양 오랑캐들! 오지 마!

6 강화도 조약 1876년
일본은 운요호 사건을 핑계로 강제로 통상을 요구했단다. 결국 강화도에서 불평등한 조약을 맺게 돼. 조선을 침략하려는 속셈이 드러난 거지.

우리나라 최초의 근대적 조약이기도 해.

5 운요호 사건 1875년
일본 운요호가 허락 없이 우리 바다로 들어왔어. 조선과 일본은 서로 대포를 쏘았지. 일본은 곧 돌아갔지만 여기에는 나쁜 계략이 숨어 있었어.

앗싸~ 작전 성공!

4 고종의 정치
1873년 고종이 직접 나라를 다스리게 돼. 그러면서 이제 나라 문을 열고 외국과 교류해야 된다는 이야기가 나오기 시작했어.

고종

전하! 나라 문을 열어야 합니다.

그리고 서양의 새 문물을 적극적으로 받아들여 근대화를 이루지. 이것을 '메이지 유신'이라고 해.

동학 농민 운동이 일어나다

조선

26대 고종
재위 1863~1907년

고종이 직접 나라를 다스리게 되었어. 흥선 대원군과 달리 외국의 앞선 문물을 받아들여 나라를 발전시키기로 마음먹었지. 하지만 혼란은 계속되었어.

고종의 정책

나라 개방
일본과 강화도 조약을 맺은 뒤, 미국, 영국, 프랑스 등 다른 나라와도 통상 조약을 맺고 교류하기 시작했어.

영선사와 수신사 파견
청나라에는 '영선사'를, 일본에는 '수신사'라는 외교 사절을 보내 외국의 앞선 문물을 배워 왔어.

신식 군대 별기군
나라를 개혁하고 발전시키는 과정에서 옛날식 군대 제도도 새롭게 바꾸기로 해. 근대식 군대인 별기군이 탄생했지.

신식 군대 별기군!

계속되는 나라의 혼란

1 임오군란 1882년
신식 군대인 별기군은 좋은 대우를 받았어. 하지만 예전의 구식 군대는 차별받았어. 급료까지 제대로 받지 못하자 구식 군인들이 들고일어나게 돼.

이 일로 흥선 대원군이 다시 힘을 얻자 반대파인 명성 황후는 청나라에 도움을 구했어. 이로써 청나라가 조선에 더욱 간섭하게 되었지.

2 갑신정변 1884년
김옥균이라는 정치가는 조선을 빨리 개혁해 발전시키고 싶어 했어. 그래서 일본의 힘을 빌려 우정총국(우체국)이 처음 열리는 잔치에 군대를 데려와서는 나라의 권력을 잡았어.

김옥균
1851-1894년

그러나 김옥균의 갑신정변은 명성 황후의 요청을 받은 청나라군이 들이닥쳐 3일 만에 실패하고 말았어(삼일천하). 그 뒤로 청나라의 간섭은 더욱 심해졌단다.

3 동학 농민 운동 1894년
전라북도 고부의 조병갑이라는 관리는 백성들을 수탈하기로 유명했어. 전봉준과 동학을 믿는 신도, 농민들은 이런 횡포에 반대하며 크게 들고일어났어. 바로 '동학 농민 운동'이야.

일본과 끝까지 맞서다니! 역시 백성들이 용감하다!

못된 관리들을 물리치자!

백성들이 나라를 지킨다!

전봉준
1855-1895년

5 우금치 전투 1894년
동학 농민군은 일본군과 끝까지 싸웠어. 하지만 안타깝게도 지고 말았어.

4 청일 전쟁 1894년
조선 조정은 동학 농민 운동의 기세에 놀라 청나라에 도움을 구했어. 그러자 일본도 돕겠다는 핑계로 조선에 들어왔지. 동학 농민군은 두 나라의 간섭을 막으려고 싸움을 멈췄지만 청나라와 일본은 조선에서 전쟁까지 일으켰어.

일본 승리!

청나라 패배...

동학 농민 운동 지도자인 전봉준도 일본에게 죽임을 당하지.

이 전쟁에서 일본이 승리했어. 그리고 조선을 침략할 속셈을 더욱 드러냈지.

고종이 대한 제국의 황제가 되다

조선

26대 고종
재위 1863~1907년

고종은 다른 나라의 간섭 속에서 흔들리는 조선이 당당하게 설 수 있기를 바랐어.
나라를 근대화하기 위해 애쓰며 이름도 '대한 제국'으로 새로 정했지.

근대화 과정에서 일어난 일들

1 갑오개혁 1894~1896년

조선 조정은 영의정 김홍집을 중심으로 군국기무처를 세우고 개혁을 펼쳤어. 세금을 법으로 정하고, 신분 제도를 없애는 등 새 정책들을 만들었지.

2 삼국 간섭

'청일 전쟁' 다음, 일본의 힘이 커지자 러시아, 독일, 프랑스 3국이 일본을 견제했어. 고종의 황비인 명성 황후 역시 일본에게 맞서기 위해 러시아의 힘을 빌렸어.

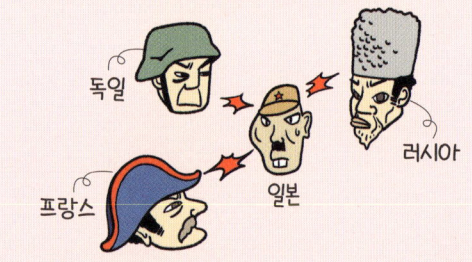

3 을미사변 1895년

일본은 명성 황후가 러시아와 가깝게 지내며 자기들을 방해하는 게 싫었어. 결국 명성 황후를 죽이고 말았지.

6 독립 협회 1896년

서재필, 이상재 등 지식인들이 '독립 협회'를 만들었어. 자주독립 국가를 꿈꾸며 '독립 신문'을 펴내고, 백성들의 토론회인 '만민 공동회'를 열기도 했어.

자주독립을 상징하는 독립문

5 아관 파천 1896년

명성 황후의 죽음으로 놀란 고종은 러시아 공사관으로 몸을 피했어. '아관 파천'이라고 하지. 고종은 일본과 친한 관리를 멀리하고 러시아와 친한 관리를 곁에 두게 돼.

러시아 공사관

4 단발령 1895년

일본의 요구에 따른 근대적 개혁으로 단발령이 내려졌어. 긴 머리와 상투를 서양식으로 짧게 자르라는 명령이었지. 백성들은 크게 반발했어.

대한 제국 선포
1897년

7 대한 제국 선포 **1897년**
1년 만에 고종은 궁궐로 돌아와 대한 제국을 선포했어. 이로써 500여 년의 역사를 지켜 온 조선이 '대한 제국'으로 새로 태어나게 되었지.

근대 국가 대한 제국 선포!

고종 황제

문물의 발전
서양의 발전된 여러 문물이 들어와 생활이 편리해졌어. 그러나 일본 등 외국 나라가 전보다 편리해진 교통과 시설로 우리나라 목재나 금 같은 자원들을 손쉽게 빼앗아 가는 결과를 가져오기도 했지.

대한 제국의 풍경을 바꾼 새 문물

전차와 철도
1899년 노량진에서 제물포(인천) 사이를 잇는 경인선이 개통되었어. 우리나라 최초의 철도였지.

서양식 병원, 광혜원
최초의 서양식 병원이야. 미국인 선교사의 제안으로 백성들을 진료하기 위해 세워졌지.

전기와 전화
전기가 들어오기 시작했어. 어두운 밤을 가로등이 밝히게 되었고, 전화도 처음 설치되었지.

서양식 의복과 신문
양복을 입는 사람이 늘어나고, 모자가 유행하기도 했어. 신문이 발행되어 사람들에게 나라의 크고 작은 소식을 편리하게 전했지.

나라의 외교권을 빼앗기다

26대 고종(대한 제국 1대 황제)
재위 1863~1907년

대한 제국

러일 전쟁 1904년

일본과 러시아가 한반도와 중국 만주의 주도권을 두고 전쟁을 일으켰어.
여기서 일본이 이겼고, 그 뒤 일본은 거칠 것 없이 대한 제국을 휘두르려 했지.

이토 히로부미라는 일본 관리는 대한 제국의 외교권을 일본이 갖는다는 말도 안 되는 조항이 담긴 조약을 맺자고 했어.

을사늑약에 반대한 활동들

의병 활동

을사늑약이 체결되자 이를 반대하면서 전국에서 의병이 일어나 일본에 맞서 싸웠어. 의병은 나라를 지키기 위해 백성들 스스로 꾸린 군대를 말해.

민영환의 자결 1905년

독립운동가 민영환은 을사늑약의 애통한 마음을 유서로 남기고 자결하여 순국했어.

홍범도
1868-1943년

최익현
1833-1906년

신돌석
1878-1908년

27대 순종 (대한 제국 2대 황제)
재위 1907~1910년

을사늑약 1905년

고종 황제는 이러한 일본의 요구를 끝까지 반대했지만 대한 제국의 대신 5명이 동의하고 말았어. 조약은 결국 체결되었지. 바로 을사늑약이야. 이들 5명의 대신은 일본에 나라를 팔았다고 해서 '을사오적'이라고 불러.

이토 히로부미는 헤이그 특사 파견을 구실로 1907년 고종을 강제로 끌어내리고 순종을 황제의 자리에 올렸어. 황제마저 일본의 마음대로 바꾸게 된 거야.

시일야방성대곡 1905년

언론인이었던 장지연은 을사늑약의 부당함을 널리 알리기 위해 황성신문에 '시일야방성대곡'이라는 글을 실었어. 이 말의 뜻은 '이날, 목 놓아 통곡하노라.'란다.

헤이그 특사 (이준, 이상설, 이위종) 1907년

고종은 을사늑약이 잘못되었음을 전 세계에 알리려고 네덜란드 헤이그에서 열린 '만국 평화 회의'에 몰래 사신을 보냈어. 하지만 이마저 일본의 방해로 실패했지.

일본에게 나라를 빼앗기다

27대 순종 (대한 제국 2대 황제)
재위 1907~1910년

대한 제국

일본은 순종을 황제의 자리에 올린 다음, 대한 제국을 빼앗기 위해 더욱 박차를 가했어.

일본에 나라를 빼앗긴 과정

대한 제국 군대 해산 1907년
일본이 대한 제국의 군대를 해산시켰어. 군대는 자기 나라를 다른 나라로부터 지키는 힘이란다. 군대가 없다는 건 나라를 더는 스스로 지킬 수 없다는 뜻이지.

사법권과 경찰권 빼앗음 1909년 이후
나아가 일본은 대한 제국의 사법권과 경찰권마저 빼앗았어. 이로써 우리나라가 백성들도 더는 지켜 주지 못하게 된 거야.

나라를 빼앗기지 않기 위한 노력

비밀 독립운동 단체, 신민회 1907년
윤치호, 안창호, 신채호 등이 모여 만든 비밀 독립운동 단체야. 학교를 세워 백성들을 가르치고 독립군을 키웠지. 하지만 일본의 탄압을 받아 1911년 해체되었어.

국채 보상 운동 1907년
일본은 우리나라에 일부러 많은 돈을 빌려 주었어. 더 쉽게 나라를 빼앗으려고 말이야. 그러자 우리 백성들이 스스로 나서서 나라 빚을 갚으려는 운동을 벌였지. 하지만 일본의 탄압으로 실패했어.

국권 피탈
1910년 8월 29일

국권 피탈 1910년
1910년 8월 22일 일본 데라우치 통감은 대한 제국의 총리대신 이완용과 비밀리에 '한일병합조약'을 맺었어. 일본의 강제로 체결된 이 불법 조약 때문에 대한 제국은 주권을 완전히 잃고 일본의 지배 아래 들어갔어.

안중근의 의거 1909년
을사늑약을 강제로 맺게 한 이토 히로부미가 만주 하얼빈 기차역에 도착했을 때야. 안중근이 그에게 권총을 쏘고는 태극기를 꺼내 펼치며 '대한 독립 만세'를 불렀어.

이토 히로부미는 죽고, 안중근은 체포되었어. 안중근은 재판장에서도 조국의 독립을 끝까지 외치며 일본과 맞섰단다. 하지만 안타깝게도 1910년 뤼순 감옥에서 죽음을 맞았어.

3·1 운동을 일으키다

일제 강점기

일제 강점기	제1차 세계 대전
1910~1945년	1914~1918년

우리 민족은 1910년부터 1945년까지 35년 동안 일본의 식민지로 지내게 되었어. 일제의 억압으로 고통스럽고 슬픈 시기를 보냈지.

민족의 독립운동 과정

1 제1차 세계 대전 뒤에, 미국의 윌슨 대통령은 각 민족은 스스로 운명을 개척하며, 다른 민족의 간섭을 받지 않아야 한다고 주장했어.

일제의 우리 민족 탄압

조선 총독부 설치 1910년

조선 총독부는 식민지 시대 우리를 억압하고 통치하던 기관이야. 경복궁 내부에 여러 건물들을 없애고 그 자리에 세워졌어.

조선 총독부는 1995년 8월 15일 마침내 철거되었지.

신사 참배 강요

전국 곳곳에 일본 신사를 만들어 놓고 참배를 강요했어. 일본 왕에게 인사하라며 동쪽을 향해 절을 시켰지.

일본의 왕을 모셔라!

일본 이름 강요(창씨개명)

우리나라 사람들의 이름을 억지로 일본식 이름으로 바꾸게 하면서 민족정신을 없애려 했어.

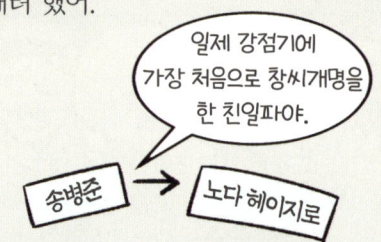

일제 강점기에 가장 처음으로 창씨개명을 한 친일파야.

송병준 → 노다 헤이지로

조선 태형령 실시 1912년

우리나라 사람을 재판도 없이 곤장을 때릴 수 있게 했어. 이 때문에 수많은 독립운동가가 모진 탄압과 고문을 당했지.

일본 사람 말고 한국 사람만 때린다.

일본어 강요

학교에서는 교사들이 칼을 차고 다니기도 했어. 일본어를 억지로 배우게 하고 한글은 사용하지 못하게 했지.

일본어 하기 싫어.

칼, 무서워.

日本語

2·8 독립 선언	3·1 운동
1919년 2월 8일	1919년 3월 1일

② 2·8 독립 선언 1919년

일본 도쿄에 있던 우리 유학생들은 윌슨 대통령의 이러한 '민족 자결주의'에 영향을 받아 '2·8 독립 선언서'를 발표했어. 이 일은 3·1 운동의 기초가 되었지.

③ 3·1 운동 1919년

고종 황제의 죽음이 일본과 관련 있다는 소문이 퍼졌어. 백성들은 울분에 차서 3·1 운동을 일으켰어. 민족 대표 33인이 '독립선언서'를 낭독하고 '대한 독립 만세'를 외쳤지. 서울, 평양 등 도시에서 전국으로, 나아가 해외까지 퍼진 민족 최고의 독립운동이란다.

유관순
1902-1920년

학생 독립운동가

이화 학당 학생 유관순은 3·1 운동에 참여한 뒤, 학교가 문을 닫자 고향 천안으로 내려가 독립운동을 이어 갔어. 일본에 붙잡혀 감옥에서 모진 고문을 당하고 19살 어린 나이에 죽음을 맞았지만, 오늘날까지 위대한 독립운동가로 기억돼.

광복을 맞이하다

세계

제2차 세계 대전
1939~1945년

제2차 세계 대전이 일어났어. 독일의 히틀러가 유럽에 이어 소련을 공격했고, 일본은 미국 하와이의 진주만을 공격했지. (태평양 전쟁)

카이로 회담 1943년 11월

세계 대전이 길어지자 미국, 영국, 중국이 이집트 카이로에서 회담을 열었어. 힘을 모아 일본을 공격하기로 했지.

대한민국

대한민국 임시 정부 수립
1919년 4월 11일

세계 대전에 참여한 일본은 우리의 식량과 물자, 사람들을 더욱 수탈했단다. 나라를 되찾기 위한 우리의 노력도 더 거세졌지.

독립을 위한 끝없는 노력

대한민국 임시 정부 수립

3·1 운동으로 일본의 탄압은 더 심해졌어. 그 뒤로 우리는 중국 상하이에 대한민국 임시 정부를 세우고 독립운동을 폭넓게 해 나갔어.

의거 활동

이봉창은 일본 왕 히로히토에게, 윤봉길은 훙커우 공원에서 폭탄을 던졌어. 의거로 독립 의지를 널리 알렸지.

독립군 학교 설립

이회영은 만주에 신흥무관학교를 세워 많은 독립군과 독립운동가를 길러 냈어.

이봉창
1900-1932년

윤봉길
1908-1932년

봉오동 전투 1920년

중국 지린성 봉오동에서 홍범도가 이끄는 독립군이 일본을 크게 이겼어.

청산리 전투 1920년

김좌진은 청산리에서 홍범도 군대와 함께 3000명이 넘는 일본군을 무찔렀어.

문화재 지키기

전형필은 우리 문화재가 일본으로 넘어가지 않게 전 재산을 바쳐 모았어. 훈민정음(해례본), 고려청자 등을 지켰지.

홍범도
1868-1943년

김좌진
1889-1930년

전형필
1906-1962년

얄타 회담 1945년 2월
미국, 영국, 소련이 모였어. 제2차 세계 대전이 끝나면 미국과 소련이 우리나라를 신탁 통치 하기로 결정했어.

일본의 항복 1945년 8월 15일
독일은 항복했지만 일본은 전쟁을 멈추지 않았어. 결국 미국이 일본 히로시마와 나가사키에 원자 폭탄을 떨어뜨렸고 일본은 바로 항복했어.

신탁 통치는 일정 기간 동안 다른 나라가 그 나라를 대신해 통치하는 것을 말하지.

8·15 광복
1945년 8월 15일
우리나라는 그토록 바라던 해방을 맞았어.

남북이 서로 다른 정부를 세우다

북한

광복을 맞은 기쁨도 잠시, 38도(북위) 선을 중심으로 북쪽은 소련이, 남쪽은 미국이 군대를 보내왔어. 당시 소련과 미국은 막강한 나라였어. 전 세계가 이들 나라를 중심으로 두 진영으로 나뉘어 맞섰는데, 이를 '냉전'이라고 해. 냉전 시대에 우리도 남과 북으로 갈렸지.

모스크바 삼국 외상 회의 1945년

미국, 소련, 영국이 모여 대한민국을 5년 동안 신탁 통치하기로 결정했어. 북쪽은 소련, 남쪽은 미국이 맡아서 말이야.

남한

미소공동위원회 1946년

한반도 문제로 미국과 소련이 다시 만났어. 하지만 서로 생각이 달라 아무것도 결정하지 못했어. 당시 유력한 정치가였던 이승만은 남한만이라도 임시 정부를 세우자고 했고, 독립운동가 김구는 남북이 통일 정부를 세워야 한다고 했지.

이승만
1875-1965년

김구
1876-1949년

조선민주주의인민공화국 수립
1948년 9월 9일

조선민주주의인민공화국
김일성이 소련의 도움을 받아 조선민주주의 인민공화국을 세웠어.

김일성은 소련과 중국의 도움을 받아 남한을 공격하고 한반도를 공산화하려고 했어. 냉전 체제 속에서 사회주의 국가인 북한-소련-중국과 민주주의 국가인 남한-미국이 서로 대결한 거야.

대한민국 정부 수립
1948년 8월 15일

대한민국
1948년 5월 10일 남한만 총선거를 치렀어. 국회의원을 뽑고 이승만이 대통령이 되었지. 7월 17일에 헌법을 공포하고, 8월 15일에는 대한민국 정부를 수립했어.

6·25 전쟁 발발
1950년 6월 25일

6·25 전쟁
1948년에는 소련군이, 1949년에는 미군이 한반도에서 떠났어. 그동안 북한은 전쟁을 준비하고 있었지. 그리고 1950년 6월 25일 새벽에 전쟁을 일으켰어.

6·25 전쟁이 일어나다

6·25 전쟁 1950년 6월 25일

대한민국

1950년 6월 25일 북한이 갑자기 일으킨 전쟁은 이렇게 진행되었어.

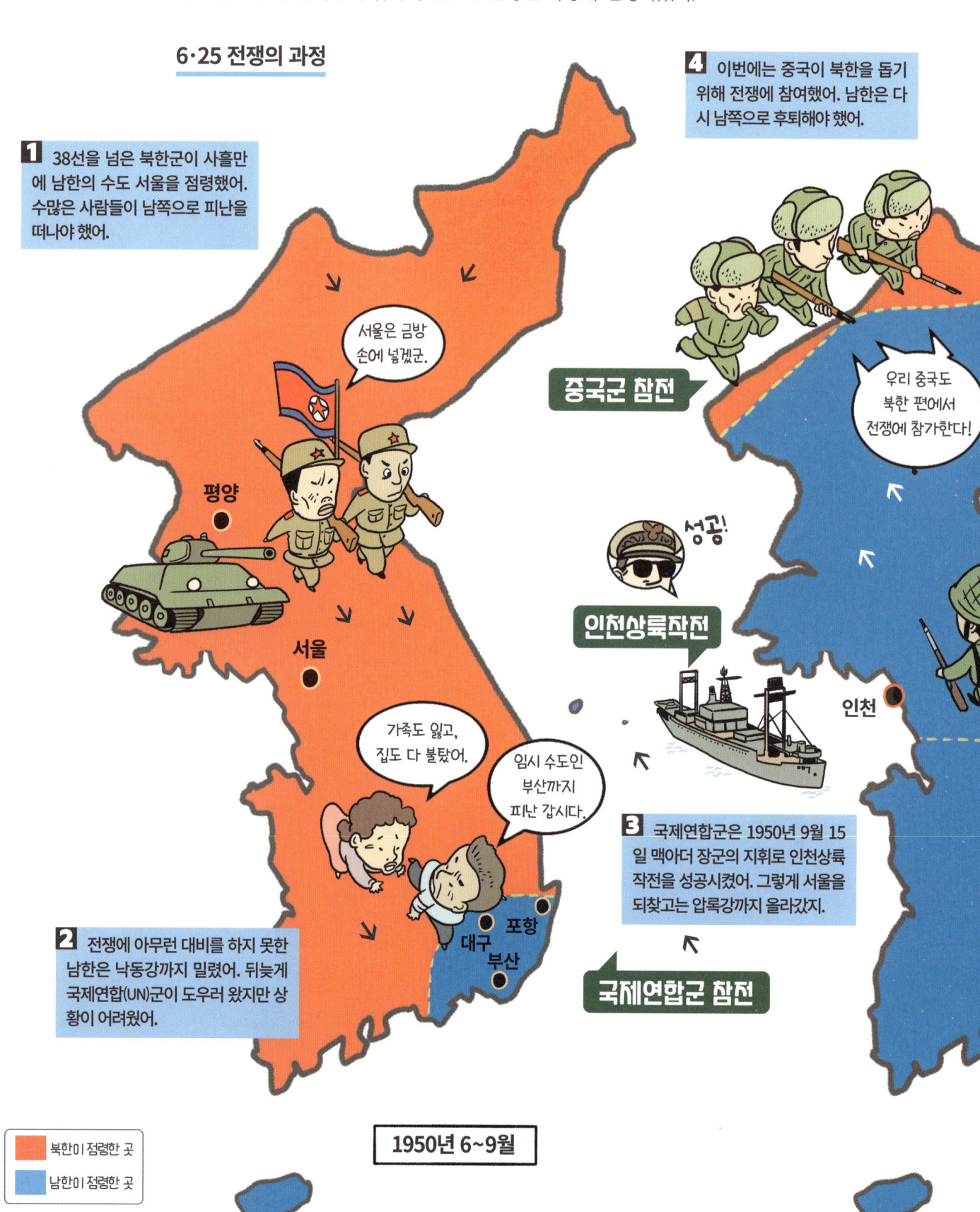

6·25 전쟁이 남긴 상처는 정말 컸어. 많은 사람들이 목숨을 잃었고, 살던 곳이 모두 파괴되었어. 같은 민족끼리 서로 총을 겨누고 싸우면서 미움도 아주 깊어졌지.

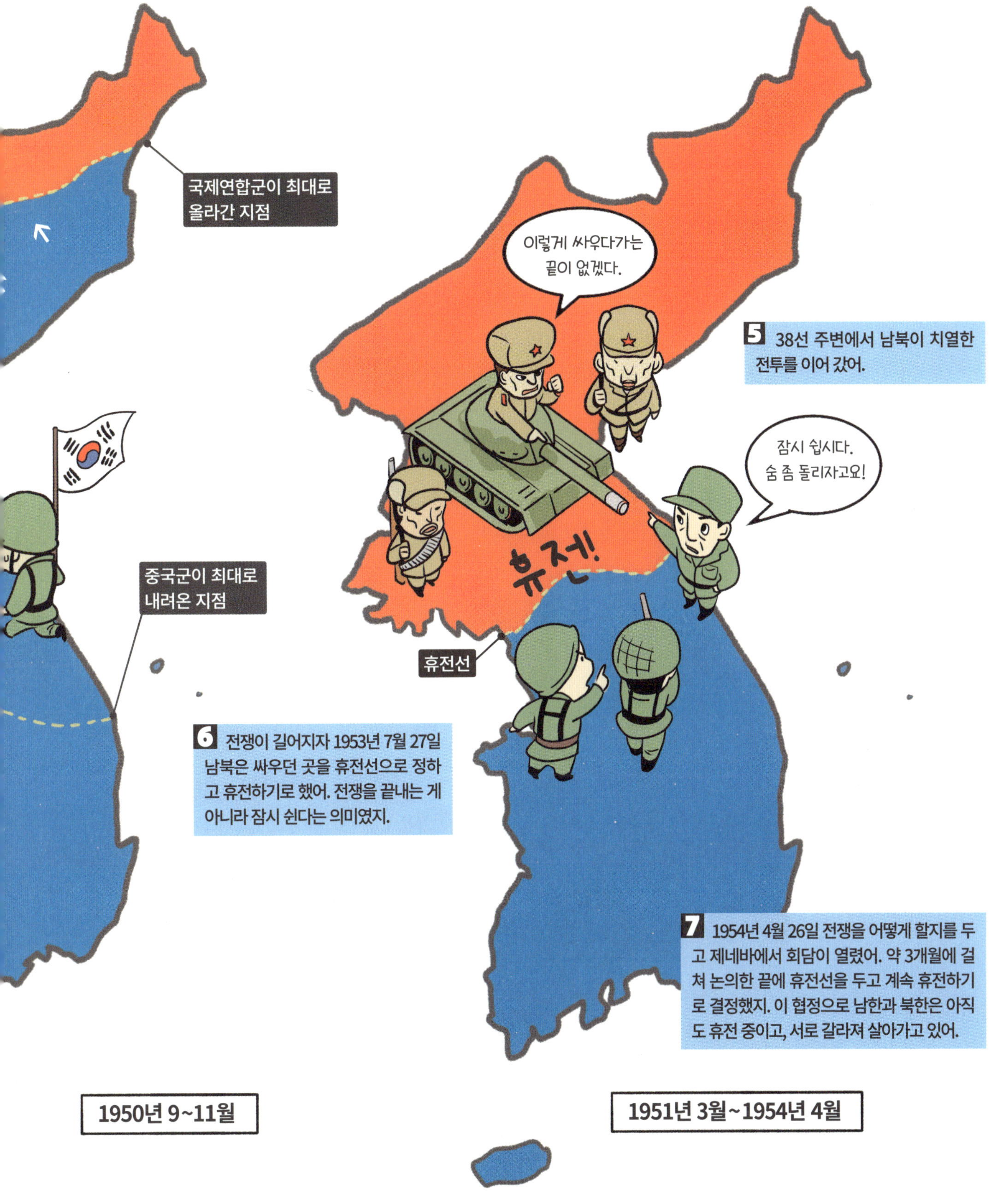

국제연합군이 최대로 올라간 지점

이렇게 싸우다가는 끝이 없겠다.

5 38선 주변에서 남북이 치열한 전투를 이어 갔어.

잠시 쉽시다. 숨 좀 돌리자고요!

중국군이 최대로 내려온 지점

휴전!

휴전선

6 전쟁이 길어지자 1953년 7월 27일 남북은 싸우던 곳을 휴전선으로 정하고 휴전하기로 했어. 전쟁을 끝내는 게 아니라 잠시 쉰다는 의미였지.

7 1954년 4월 26일 전쟁을 어떻게 할지를 두고 제네바에서 회담이 열렸어. 약 3개월에 걸쳐 논의한 끝에 휴전선을 두고 계속 휴전하기로 결정했지. 이 협정으로 남한과 북한은 아직도 휴전 중이고, 서로 갈라져 살아가고 있어.

1950년 9~11월

1951년 3월~1954년 4월

아픈 역사를 딛고 미래로 향하다

대한민국

3년이나 이어진 전쟁을 멈추고, 우리는 아픔과 상처를 극복하며 서서히 일어났어.
민주주의를 발전시키고 새로운 역사를 쓰며 지금도 계속 나아가고 있단다.

4·19 혁명 1960년

이승만은 우리나라의 첫 대통령이야. 그런데 자신이 대통령을 오래 하려고 부정 선거를 저질렀어. 정당하지 못한 방법으로 나라 권력을 휘두르는 데 맞서서 4월 19일 국민들이 큰 시위를 일으켰어. 이로써 이승만은 대통령에서 물러났어.

5·16 군사 정변 1961년

이승만이 대통령에서 물러나자 군인이었던 박정희가 군사의 힘으로 권력을 차지하여 대통령이 되었어. 박정희는 오래도록 권력을 차지하려다 내부의 갈등 때문에 결국 죽음을 맞고 말았어.

5·18 민주화 운동 1980년

그 뒤를 이은 전두환도 군인으로, 군사 정변을 일으켜 대통령이 되었어. 국민들은 이러한 군사 독재에 항의하며 민주주의를 외쳤지. 하지만 전두환은 시위의 중심이었던 광주에 군인들을 보내 많은 시민들을 희생시켰단다.

6월 민주 항쟁 1987년

국민들은 민주화를 이루기 위해 끊임없이 노력했어. 전국적인 민주화 시위의 결과로 국민들이 직접 대통령을 뽑을 수 있는 '대통령 직선제'가 시작되었지.

한강의 기적

1960년대부터 우리나라는 무척 빠른 속도로 발전했어. '경제 개발 5개년 계획'을 실시하며 경제를 성장시켰고, 생활 환경도 크게 나아졌어. 세계가 '한강의 기적'이라고 부르며 놀랄 정도였지. 나라와 국민, 그리고 기업들이 서로 힘을 모아 노력한 결과였어.

IMF 외환위기 1997년

30여 년 동안 나라의 성장을 위해 빠르게 달리는 과정에서 우리 경제는 위기를 겪기도 했어. 1997년에는 나라에 돈이 너무 부족해 IMF(국제 통화 기금)의 도움을 받아야 했지. 경제 구조를 개선하고 금을 자발적으로 모으는 등 온 국민의 노력으로 결국 위기를 벗어났어.

스포츠로 보여 준 대한민국의 위상

1988년 세계인의 축제인 올림픽을 처음 연 이후로, 2002년에는 월드컵을 개최했어. 길거리에 나와 온 국민이 한마음으로 응원하는 모습은 전 세계에 깊은 인상을 남겼지. 2018년에는 평창에서 동계 올림픽을 열었어. 특히 남북이 공동으로 입장하면서 한반도의 평화 메시지를 널리 알렸단다.

88 서울올림픽
2018 평창동계올림픽
2002 월드컵

촛불 집회

나라의 어려움이 있거나 사회적인 문제가 있을 때 우리 국민들은 저마다 촛불을 들고 거리로 나와 평화롭게 의견을 주장했어. 촛불 집회는 이제 자발적이고 민주적인 시민운동이자 비폭력 평화 운동으로 자리 잡았어.

☀ 책을 마치면서

약 70만 년 전, 한반도에 사람이 나타난 까마득한 옛날부터

지금까지 길고 긴 우리 역사를 가장 중요한 핵심을 모아 살펴보았어요.

재미있게 읽었나요? 물론 조금 어려운 부분도 있었겠지요?

여기까지 책을 쓰면서 선생님은 재미있고 신날 때도 있었고

답답하고 화가 날 때도 있었답니다.

즐겁고 좋은 역사를 만난다면 그 지혜를 앞으로도 이어 나가요.

반대로 실수가 있었다면 다시는 반복하지 않도록 해야겠지요.

이처럼 역사는 우리에게 지혜로운 길을 알려 주는 안내판이에요.

역사는 그저 흘러가 버린 과거만은 아니랍니다.

어제와 오늘, 이 책을 읽는 순간, 우리 하루하루가

모두 언젠가 역사의 한 부분이 될 테니까요.

바로 우리 친구들이 역사의 수레바퀴를 힘차게 돌리는

주인공이라는 것을 기억하세요.

미래에는 우리 친구들이 역사 속 주인공이 되어

또 다른 친구들에게 이야기를 들려주게 될 거예요.

그 친구들에게 좋은 모습을 남겨 줄 수 있도록

오늘 하루도 보람 있게 보내 볼까요?

찾아보기

ㄱ

가야 25~27
간석기 17
갈돌과 갈판 17
갑신정변 102
갑오개혁 104
갑인자 79
강감찬 55
강동 6주 53~55
강화도 조약 101~102
개로왕 29
거란 43, 46, 53~55
견훤 44~47
경국대전 81~82
경덕왕 42
경순왕 46~47
경애왕 46
경종 94
계림대도독부 41
고구려 25~42
고국원왕 28~29
고려 46~66
고인돌 21
고조선 18~20, 23~24
고종 100~107
공민왕 62~63
과거 제도 51, 73
곽재우 87
관창 37
광개토 대왕 29
광종 50~51
광해군 87~89
구석기 14~15
국채 보상 운동 108

궁예 44~46
권문세족 61~62
권율 87
귀주 대첩 56
규장각 96
균역법 95
근초고왕 28
긁개 15
기벌포 전투 41
기원전 10
기원후 11
기인 제도 49
김구 114
김대건 98
김대성 42
김만덕 96
김부식 58
김수로 25~27
김시민 87
김유신 34~41
김정호 99
김종서 79~80
김좌진 112
김홍도 96

ㄴ

나당연합군 37~39
나제 동맹 29
남인 92~93
내물왕 28
노비안검법 51
논개 87
농사직설 79
눌지왕 29

ㄷ

다보탑 42
단군왕검 18~19
단기 10
단발령 104
단심가 662
단종 81
당나라 32~41
대가야 31
대동법 88
대동여지도 99
대인선 46
대조영 42
대통령 직선제 118
대한 제국 104~109
대한민국 112~119
대한민국 임시 정부 112
도요토미 히데요시 87
독립 협회 104
동녕부 61
동명 성왕 25
동북 9성 57
동학 농민 운동 99~103
두문불출 67
뗀석기 15

ㄹㅁ

러일 전쟁 106
류성룡 87
마의태자 47
마한 24
만적의 난 59
만파식적 41
망이·망소이의 난 59

매소성 전투 41
명나라 63~67, 87, 89
명종 85
모스크바 삼국 외상 회의 114
목종 54
몽골 60~61
묘청의 난 58
무령왕 30
무령왕릉 30
무신의 난 59
무왕 32~33
문무대왕릉 41
문무왕 40~41
문익점 62
문종 80
문주왕 29
미소공동위원회 114

ㅂ

박문수 94
박연 79
박제가 97
박지원 97
박혁거세 25, 27
발해 42
백제 25~37
백제 금동 대향로 31
법흥왕 30
변한 24
별기군 102
별무반 57
병인양요 101
병자호란 91
보장왕 34

봉림 대군 91
봉오동 전투 112
불국사 42
불기 10
비유왕 29
빗살무늬 토기 17

사도 세자 95
사림파 84
사명 대사 87
사병 제도 76
사심관 제도 48
사육신 81
살수 대첩 32
삼강행실도 80
삼국 통일 38, 40
삼국사기 58
삼국유사 62
삼별초의 항쟁 60
삼전도의 굴욕 91
삼정의 문란 98
삼한 24
상평창 52
서기 10
서동 32~33
서산 대사 87
서인 92~93
서희 53
석가탑 42
석굴암 42
선덕 여왕 33
선사 시대 11
선왕 43
선조 86~88

선화 공주 32~33
성왕 30
성종 52, 82
세기 11
세도 정치 98
세종대왕 78~79
소서노 25
소손녕 53
소수림왕 28
소현 세자 91
쇄국 정책 101
수나라 32
수렵도 30
수양 대군 80~81
수원 화성 97
숙종 92~93
순조 99
순종 107~108
슴베찌르개 15
시무 28조 52
시일야방성대곡 107
신돈 62~63
신돌석 106
신라 24~47
신문고 94
신미양요 101
신민회 108
신분 제도 73
신사임당 85
신석기 16~17
신숙주 81
신윤복 96
신진 사대부 64, 66
신탁 통치 113~114
신흥 무인 세력 64

실학 97
쌍성총관부 61~62

아관 파천 104
아사달 18
안동도호부 40
안시성 전투 34
안용복 92
안중근 109
알영 25, 27
암행어사 94
앙부일구 79
애장왕 43
얄타 회담 113
양원왕 31
여진 57~58
역사 시대 11
연개소문 33~35, 38
연나라 23
연등회 49
연산군 82~83
영류왕 33
영양왕 32
영조 94~95
예종 97
온조 25~27
왕건 44~49
왕검성 24
왕오천축국전 42
왕자의 난 75~75
왜 28, 62, 85~87
우거왕 24
우금치 전투 103
우륵 31

우왕 64
운요호 사건 101
움집 16~17
웅진도독부 40~41
원나라 60~63
원효 대사 41
위덕왕 31
위례성 27
위만 23
위화도 회군 65
유관순 111
유교 52, 56, 67, 77
육조 76, 81
윤관 57
윤봉길 112
을미사변 104
을사늑약 106
을지문덕 32
의병 106
의상 대사 41
의자왕 34~37
의종 59
의천 56
이방원 66, 74~75
이봉창 112
이사부 30
이성계 62, 64~67, 74
이순신 86~87
이승훈 98
이이 85~86
이자겸 58~59
이종무 79
이차돈 30
이토 히로부미 107, 109
이황 85

인조 90~91
인종 58, 85
인천상륙작전 116
인현 왕후 92~93
일연 19, 62
일제 강점기 110
임꺽정 85
임오군란 102
임진왜란 86~87

ㅈ

자격루 79
장 희빈 92~93
장보고 43
장수왕 29
장영실 79
전봉준 102~103
전형필 112
정도전 72
정동행성 61
정묘호란 90
정약용 97
정약전 97
정유재란 88
정조 96~97
정종 49, 75
제1차 세계 대전 110
제2차 세계 대전 112
조광조 84
조선 67~104
조선 총독부 110
조헌 87
졸본 27
주먹 도끼 15
주몽 25~27

주초위왕 84
준왕 23
중립 외교 89
중종 84
지증왕 30
진덕 여왕 34
진주 농민 봉기 99
진주 대첩 87
진평왕 32
진한 24
진흥왕 31
집현전 78
찍개 15

ㅊ

척화비 101
천주교 97~98
철기 22
철종 99
첨성대 33
청동기 21
청산리 전투 112
청일 전쟁 103
청해진 43
초조대장경 54
촛불 집회 119
최 숙빈 93
최무선 62
최승로 52
최영 63~64
최익현 106
최제우 98
최충 56
충녕 대군 77
측우기 79

ㅋㅌㅍ

카이로 회담 112
탕평책 94
태조 46, 67
태종 76~77
태종 무열왕 36, 38
팔관회 49
팔만대장경 60
평양성 전투 28
평원왕 31

ㅎ

하여가 66
한강의 기적 119
한글 창제 78
한나라 23~24
한산도 대첩 87
한양 도성 72
한일병합조약 109
해동성국 43
해인사 43
행주 대첩 87
허균 88
허난설헌 88
헌종 99
헤이그 특사 107
현종 54, 92
혜종 49
혜초 42
호족 48
호패 77
혼천의 79
홍건적 62~63
홍경래의 난 98
홍길동전 88

홍대용 97
홍범도 106, 112
홍익인간 18
화랑 37
황룡사 9층 목탑 33
황산벌 전투 36
효종 91
후고구려 45~46
후금(청나라) 89~91
후백제 44~47
후삼국 44~45
훈구파 84
훈요 10조 49
휴전선 117
흑창 48
흥덕왕 43
흥선 대원군 100
흥화진 전투 55

10만 양병설 86
2·8 독립 선언 111
3·1 운동 111
38선 112, 116
4·19 혁명 118
4군 6진 79
5·16 군사 정변 118
5·18 민주화 운동 118
6·25 전쟁 116~117
6월 민주 항쟁 118
7대 실록 54
8·15 광복 113
8조법 20
IMF 외환위기 119

사진 제공

국립중앙박물관   96쪽 단원 풍속도첩 '씨름', 신윤복필 여속도첩 '전모를 쓴 여인'은 국립중앙박물관에서 개방한 저작물을 사용하였습니다.
해당 저작물은 국립중앙박물관 www.museum.go.kr에서 무료로 다운받으실 수 있습니다.

초등학생을 위한 핵심정리 한국사

초판 1쇄 발행 2021년 5월 12일
초판 6쇄 발행 2023년 10월 20일

지은이 바오 · 마리
그린이 서은경
감수 송웅섭
발행인 이종원
발행처 길벗스쿨
출판사 등록일 2006년 6월 16일
주소 서울시 마포구 월드컵로 10길 56(서교동)
대표전화 (02)332-0931 | **팩스** (02)323-0586
홈페이지 school.gilbut.co.kr | **이메일** gilbut@gilbut.co.kr

책임편집 박수선(hyangkie@gilbut.co.kr) | **편집진행** 최문영
제작 이준호, 손일순, 이진혁 | **마케팅** 진창섭, 지하영
영업관리 정경화 | **독자지원** 윤정아
디자인 미르 | **CTP 출력 및 인쇄** 두경M&P | **제본** 경문제책

* 잘못 만든 책은 구입한 서점에서 바꿔 드립니다.
* 이 책은 저작권법에 따라 보호받는 저작물이므로 무단전재와 무단복제를 금합니다.
  이 책의 전부 또는 일부를 이용하려면 반드시 사전에 저작권자와 길벗스쿨의 서면 동의를 받아야 합니다.

ISBN 979-11-6406-363-5 (73910)
(길벗스쿨 도서번호 200225)

제 품 명: 초등학생을 위한 핵심정리 한국사	**주 소**: 서울시 마포구 월드컵로 10길 56 (서교동)	
제조사명: 길벗스쿨	**전화번호**: 02-332-0931	
제조국명: 대한민국	**제조년월**: 판권에 별도 표기	
사용연령: 8세 이상	KC마크는 이 제품이 공통안전기준에 적합하였음을 의미합니다.	

독자의 1초를 아껴주는 정성 길벗출판사

길벗 IT실용서, IT/일반 수험서, IT전문서, 경제실용서, 취미실용서, 건강실용서, 자녀교육서
더퀘스트 인문교양서, 비즈니스서
길벗이지톡 어학단행본, 어학수험서
길벗스쿨 국어학습서, 수학학습서, 유아학습서, 어학학습서, 어린이교양서, 교과서

1. 우리 최초의 나라 고조선

📖 18쪽 〈최초의 나라, 고조선이 탄생하다〉와 함께 활동하세요.

1. 우리 최초의 나라의 영토를 색칠하세요. 빈칸에는 나라 이름을 쓰세요.

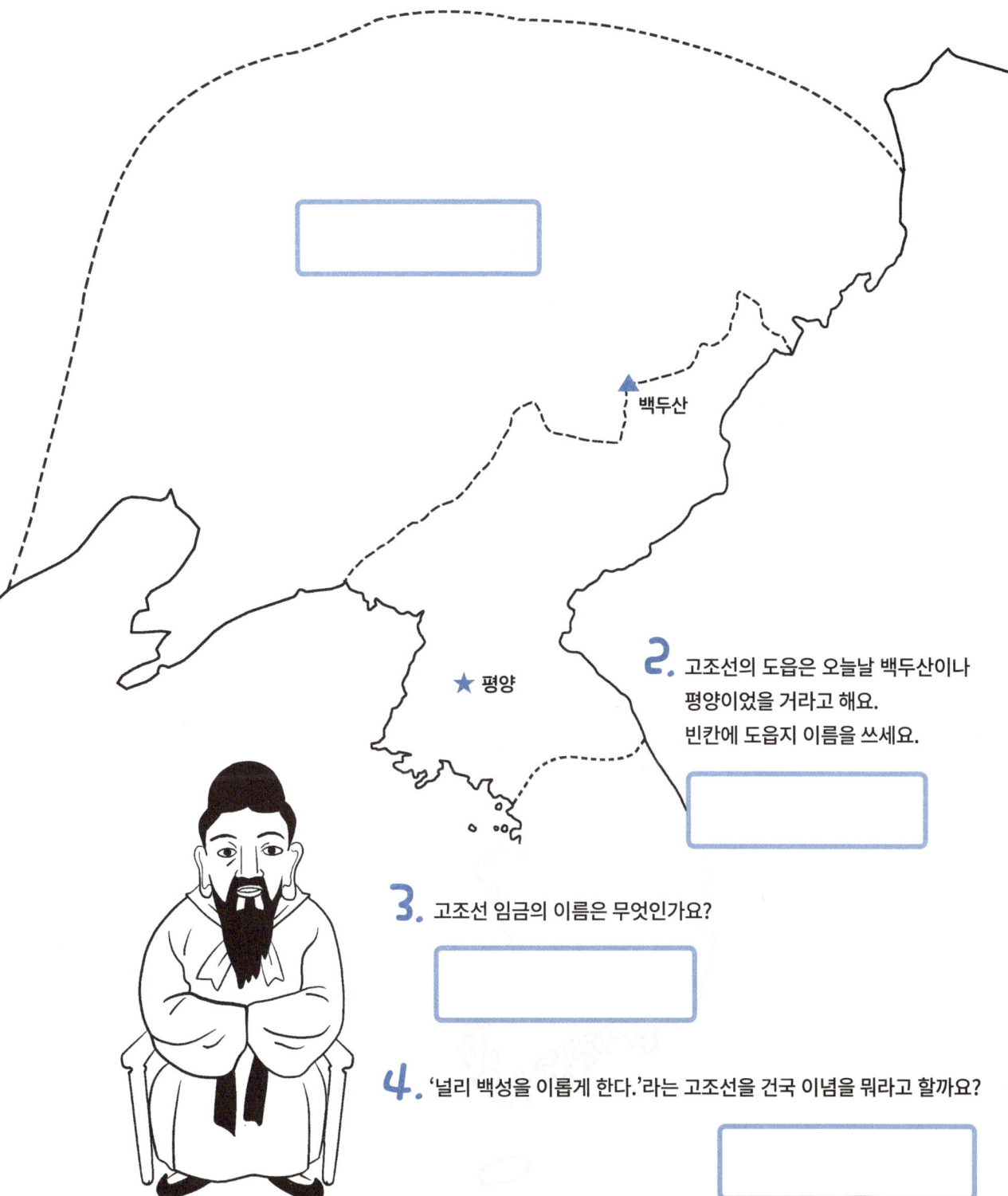

2. 고조선의 도읍은 오늘날 백두산이나 평양이었을 거라고 해요. 빈칸에 도읍지 이름을 쓰세요.

3. 고조선 임금의 이름은 무엇인가요?

4. '널리 백성을 이롭게 한다.'라는 고조선을 건국 이념을 뭐라고 할까요?

2 고조선 다음에 나온 철기 국가들

책 24쪽 〈고조선이 멸망하고 새 나라가 등장하다〉와 함께 활동하세요.

1. 고조선이 멸망하고 철기 시대에 새로 등장한 나라의 위치(동그라미)를 각각 색칠하고 나라 이름을 쓰세요.

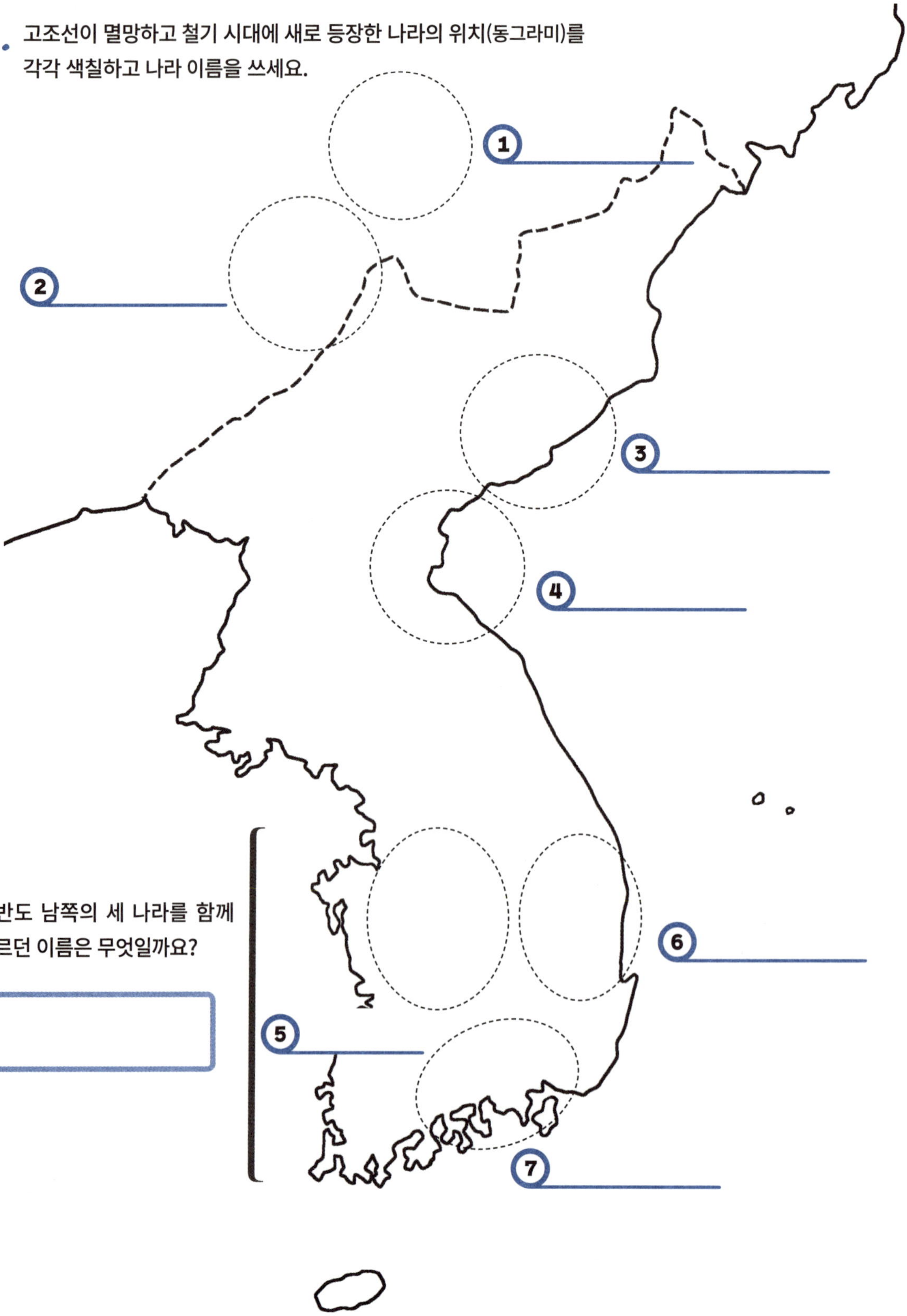

① _____
② _____
③ _____
④ _____
⑤ _____
⑥ _____
⑦ _____

2. 한반도 남쪽의 세 나라를 함께 부르던 이름은 무엇일까요?

[_____]

3 삼국 시대의 시작

26~27쪽 〈삼국이 세워지다〉와 함께 활동하세요.

1. 철기 시대에서 발달한 나라들이 성장해 더 큰 네 나라로 발전했어요. 각 나라가 시작된 곳(동그라미)을 색칠하세요.

2. 각 나라 이름과 세운 사람, 세운 년도를 쓰세요.

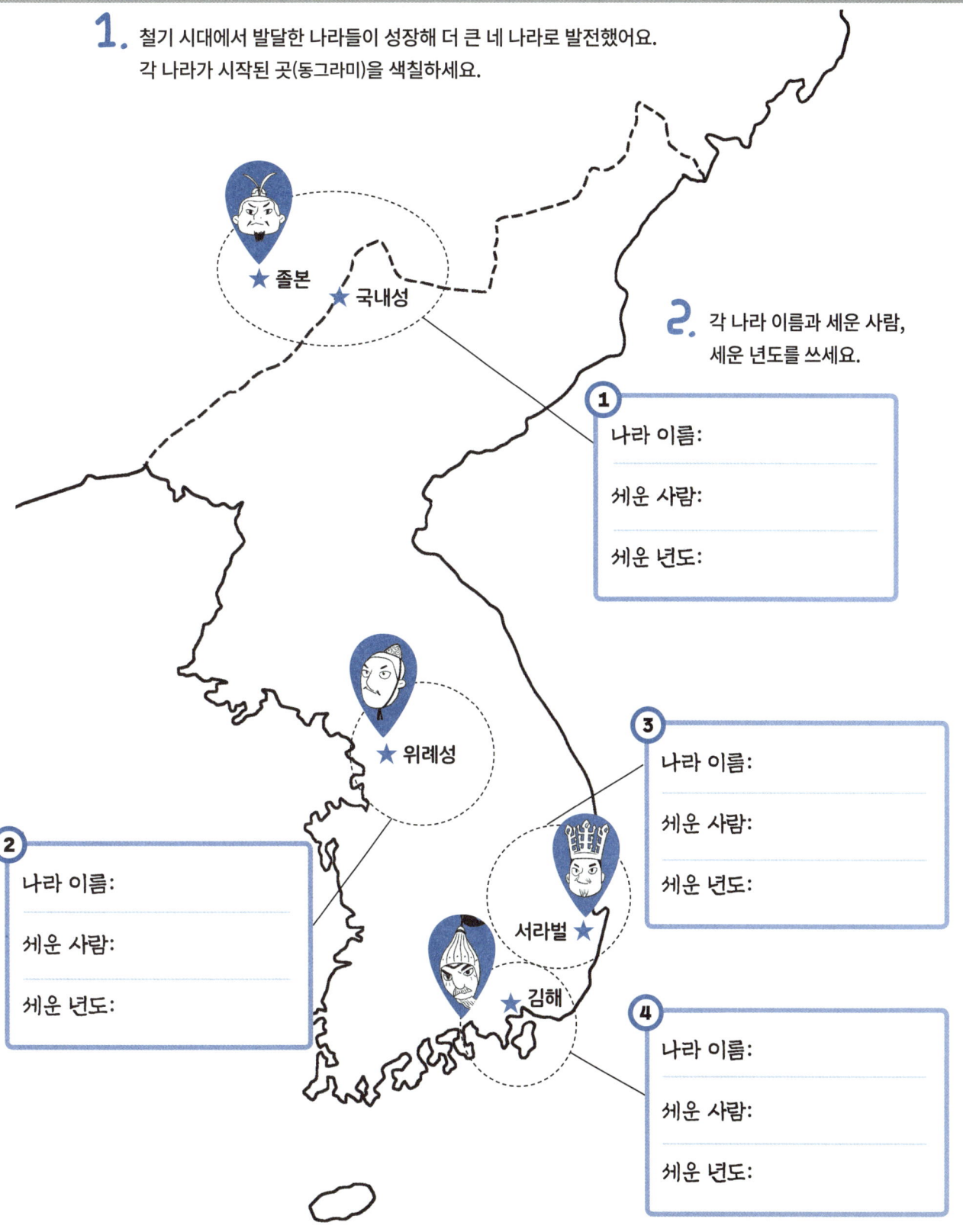

4 백제의 전성기

책 28쪽 〈고구려와 백제가 성장해 나가다〉와 함께 활동하세요.

1. 4세기 삼국 중 백제가 먼저 전성기를 맞았어요. 각 나라 영토를 색칠하고, 번호 칸에는 나라 이름을 하늘색 칸에는 도읍지 이름을 쓰세요.

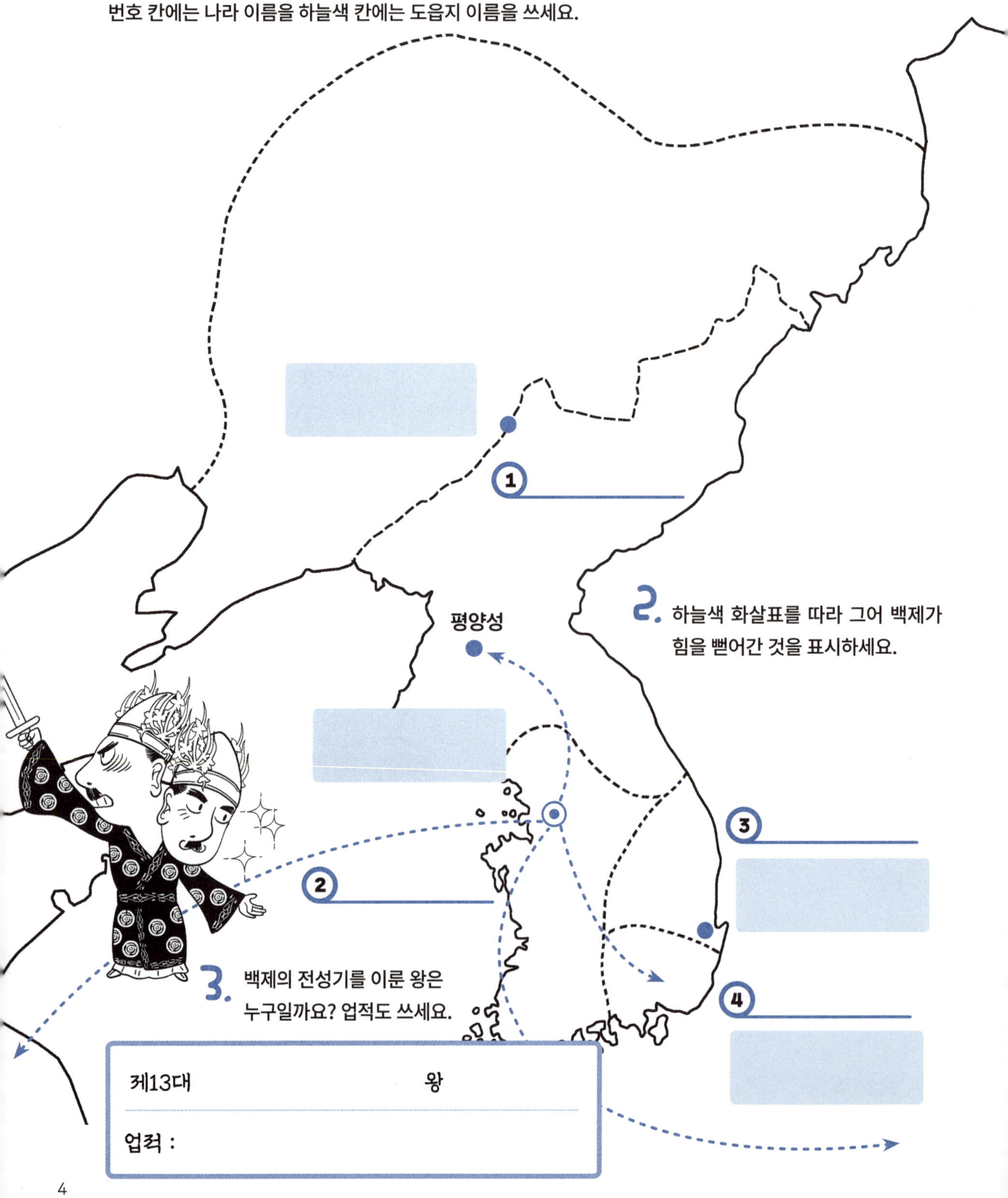

① _____

2. 하늘색 화살표를 따라 그어 백제가 힘을 뻗어간 것을 표시하세요.

평양성

② _____

③ _____

④ _____

3. 백제의 전성기를 이룬 왕은 누구일까요? 업적도 쓰세요.

제13대 _____ 왕

업적 :

5 고구려의 전성기

📖 29쪽 〈고구려와 백제가 성장해 나가다〉와 함께 활동하세요.

1. 5세기에는 고구려가 전성기를 맞았어요. 각 나라 영토가 어떻게 변했는지 색칠하고, 번호 칸에는 나라 이름을 하늘색 칸에는 도읍지 이름을 쓰세요.(도읍지가 옮겨 가기도 해요.)

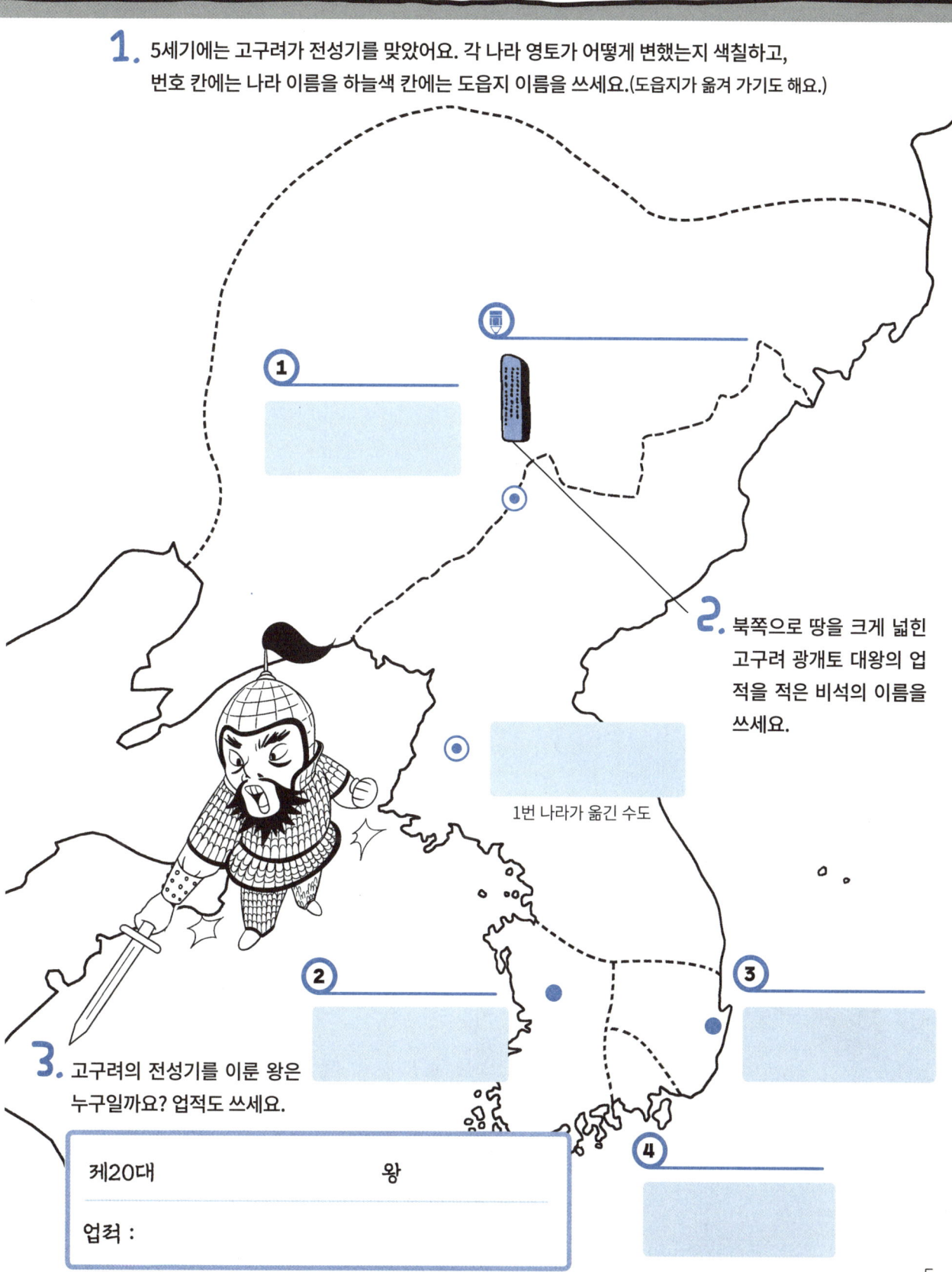

2. 북쪽으로 땅을 크게 넓힌 고구려 광개토 대왕의 업적을 적은 비석의 이름을 쓰세요.

1번 나라가 옮긴 수도

3. 고구려의 전성기를 이룬 왕은 누구일까요? 업적도 쓰세요.

제20대　　　　　　왕

업적 :

6 신라의 전성기

📖 31쪽 〈백제가 쇠퇴하고 신라가 성장하다〉와 함께 활동하세요.

1. 6세기에는 신라가 전성기를 맞았어요. 각 나라 영토가 어떻게 변했는지 색칠하고, 번호 칸에는 나라 이름을 하늘색 칸에는 도읍지 이름을 쓰세요.

2. 신라가 땅을 크게 넓히고 그것을 알리기 위해 나라 곳곳에 배운 비석의 이름은 무엇일까요?

① _____

3. 신라의 전성기를 이룬 왕은 누구일까요? 업적도 쓰세요.

제24대 _____ 왕

업적 : _____

② _____

③ _____

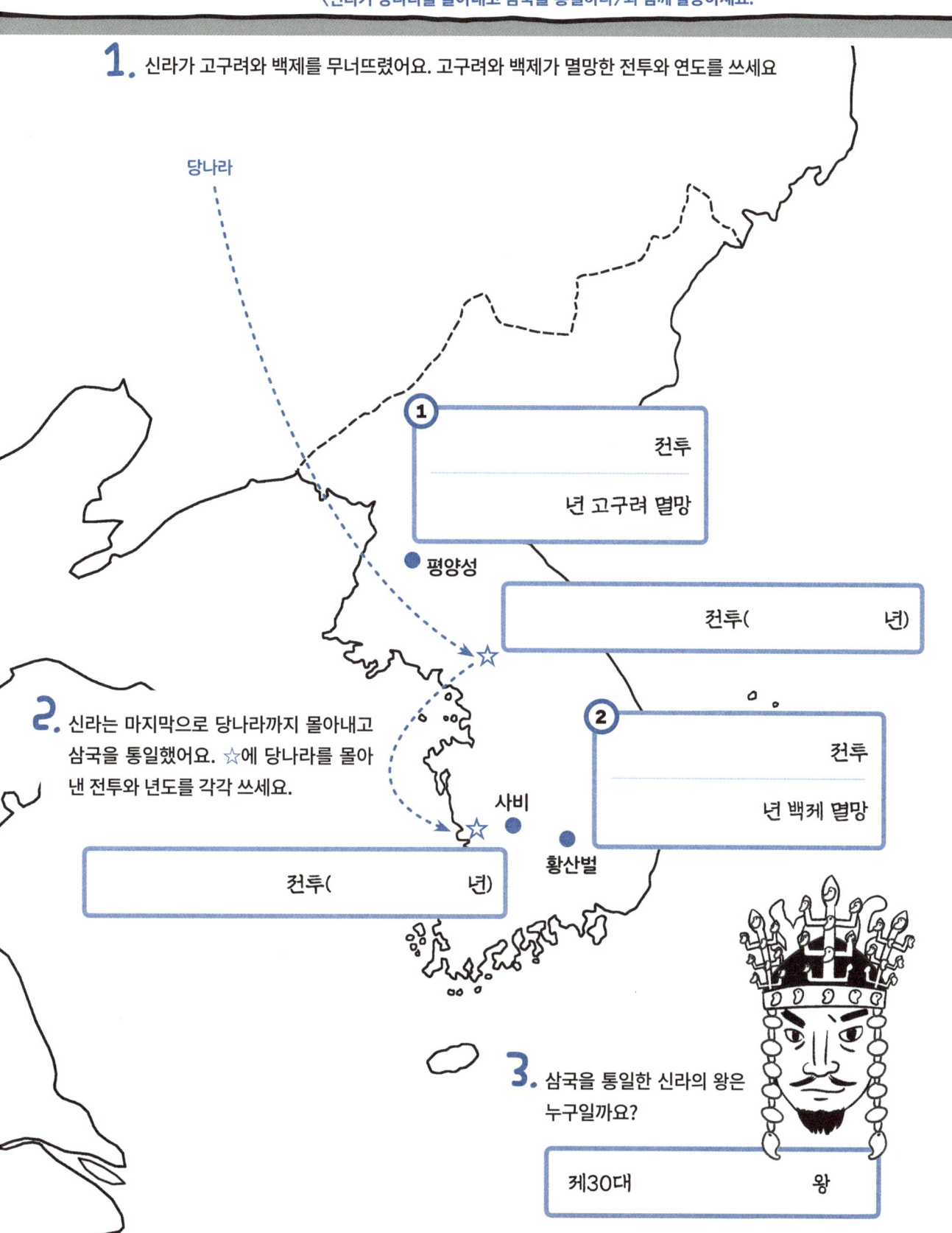

 통일 신라와 발해

📘 42~43쪽 〈북쪽은 발해가 남쪽은 신라가 번성하다〉와 함께 활동하세요.

1. 발해와 통일 신라의 영토를 각각 색칠하고, 번호 칸에 나라 이름을 쓰세요.

2. 발해는 어떤 나라였을까요?

세운 사람 :

세운 년도 :

첫 도읍지 :

발해의 다른 이름 :
(동쪽의 강성한 나라)

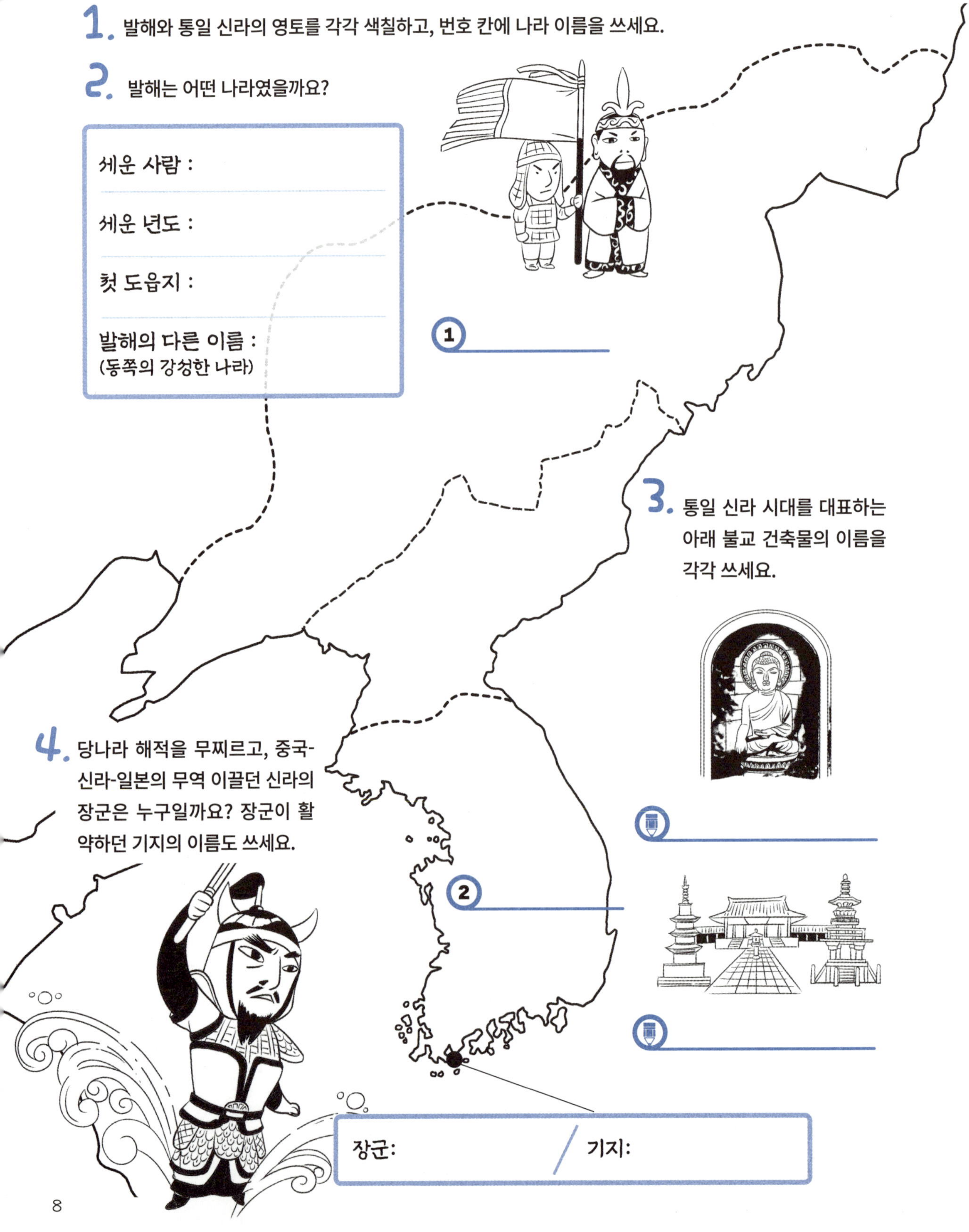

① _____

3. 통일 신라 시대를 대표하는 아래 불교 건축물의 이름을 각각 쓰세요.

✏ _____

② _____

✏ _____

4. 당나라 해적을 무찌르고, 중국-신라-일본의 무역 이끌던 신라의 장군은 누구일까요? 장군이 활약하던 기지의 이름도 쓰세요.

장군: _____ / 기지: _____

9 후삼국 시대

책 44~47쪽 〈한반도가 후삼국으로 나누어지다〉, 〈고려가 다시 삼국을 통일하다〉와 함께 활동하세요.

1. 후삼국 시대 영토를 각각 색칠해 보세요.

2. 신라 말 송악(개성)을 도읍으로 세워진 나라와 세운 사람을 쓰세요.

나라:

세운 사람:

3. 궁예를 몰아내고 다시 삼국을 통일한 나라와 사람을 쓰세요

나라:

통일한 사람:

4. 신라 말 무진주(광주)를 도읍으로 세워진 나라와 세운 사람을 쓰세요.

나라:

세운 사람:

5. 고려 왕건에게 항복한 신라의 마지막 왕은 누구일까요?

제56대 _____ 왕

10 고려를 침입한 거란

책 53~55쪽 〈성종이 유교로 나라를 다스리다〉, 〈거란이 고려를 다시 침략하다〉와 함께 활동하세요.

1. 이 시기 거란 북쪽에 자리 잡고 있던 민족을 각각 쓰세요.

① _____   ② _____

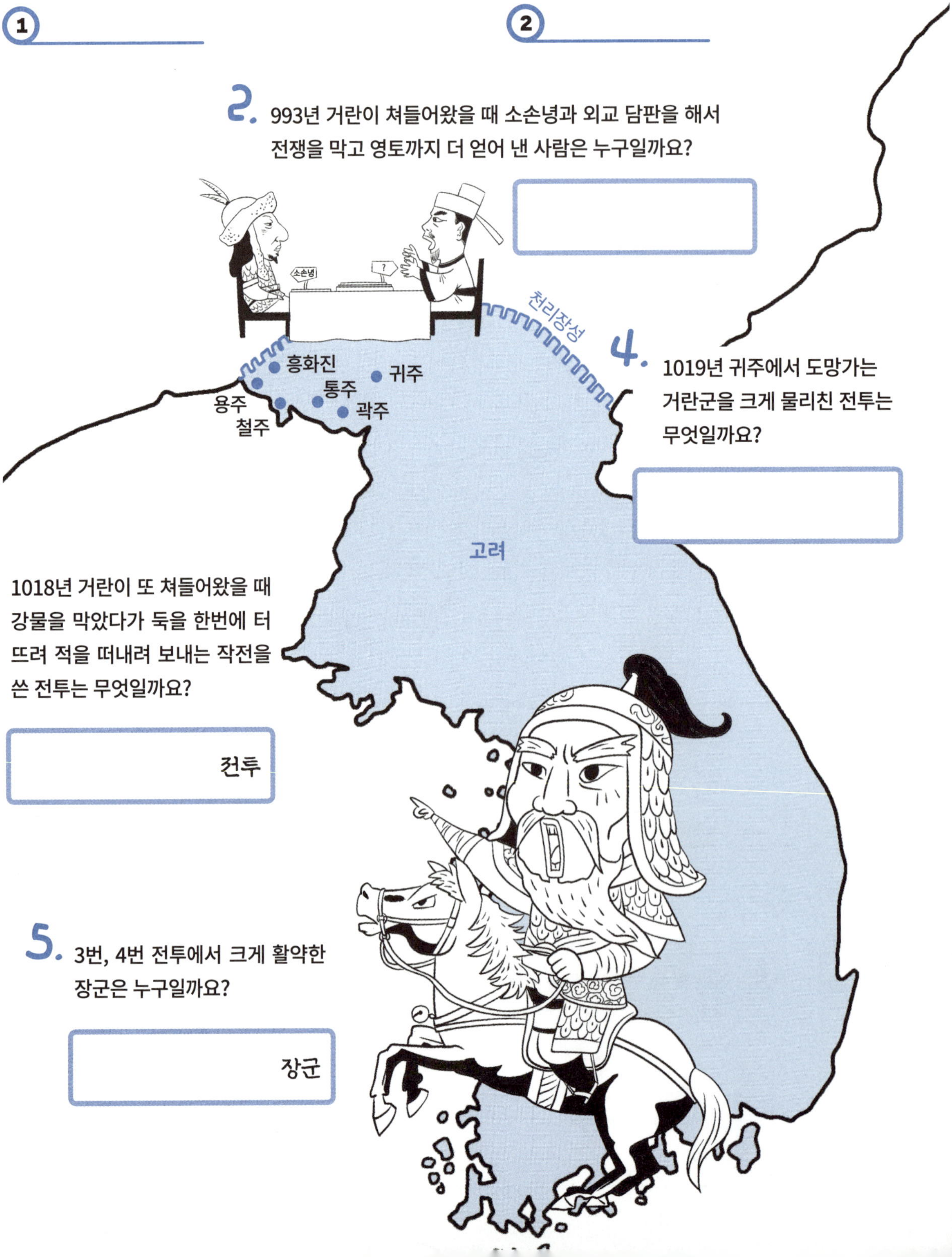

2. 993년 거란이 쳐들어왔을 때 소손녕과 외교 담판을 해서 전쟁을 막고 영토까지 더 얻어 낸 사람은 누구일까요?

4. 1019년 귀주에서 도망가는 거란군을 크게 물리친 전투는 무엇일까요?

3. 1018년 거란이 또 쳐들어왔을 때 강물을 막았다가 둑을 한번에 터뜨려 적을 떠내려 보내는 작전을 쓴 전투는 무엇일까요?

_____ 전투

5. 3번, 4번 전투에서 크게 활약한 장군은 누구일까요?

_____ 장군

11 여진 정벌과 무신의 난

책 56~59쪽 〈고려가 여진을 물리치다〉, 〈무신의 난이 일어나다〉와 함께 활동하세요

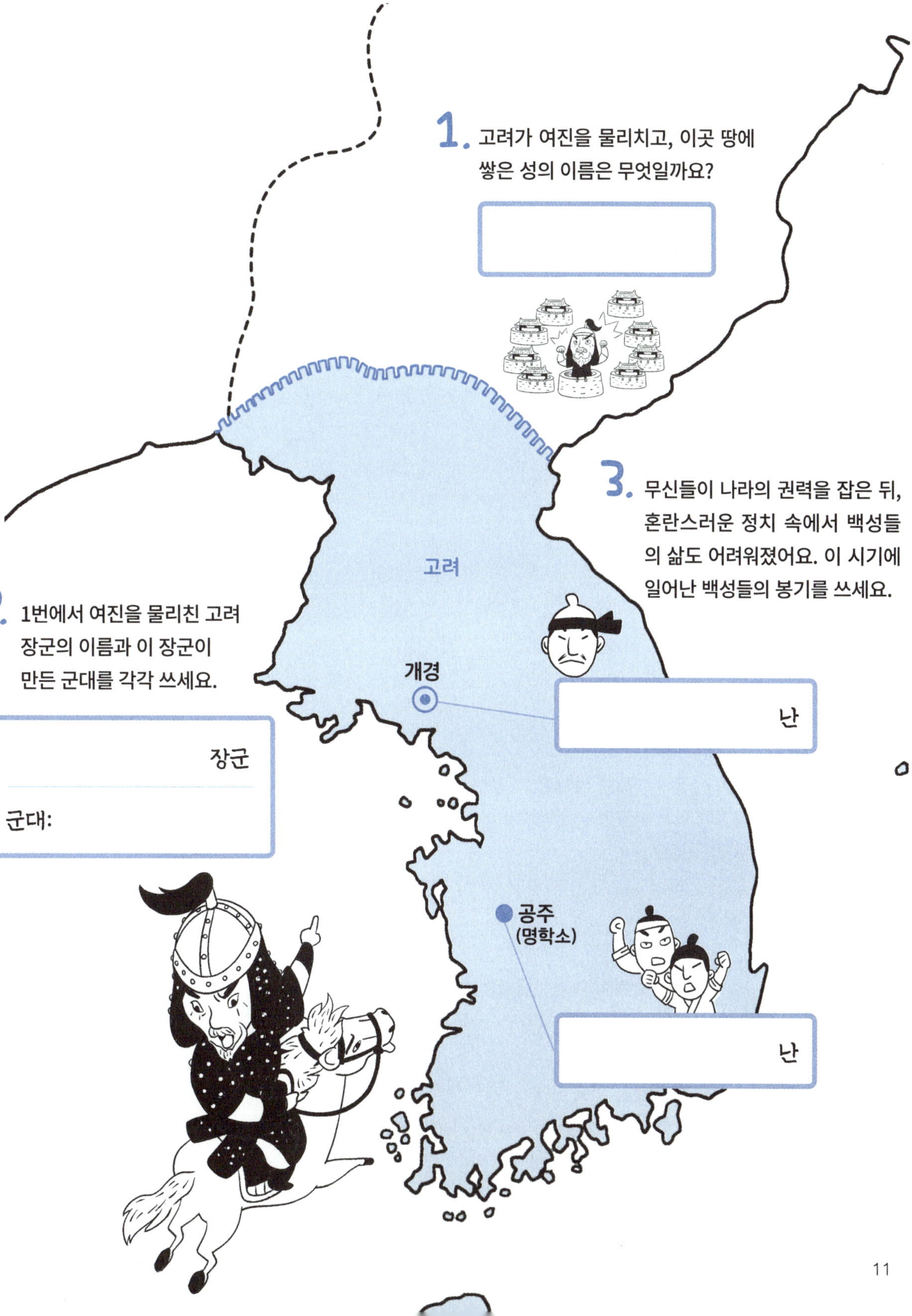

1. 고려가 여진을 물리치고, 이곳 땅에 쌓은 성의 이름은 무엇일까요?

2. 1번에서 여진을 물리친 고려 장군의 이름과 이 장군이 만든 군대를 각각 쓰세요.

　　　　　　장군

군대:

3. 무신들이 나라의 권력을 잡은 뒤, 혼란스러운 정치 속에서 백성들의 삶도 어려워졌어요. 이 시기에 일어난 백성들의 봉기를 쓰세요.

　　　　　　난

　　　　　　난

몽골과의 전쟁

책 60~63쪽 〈몽골로 40여 년간의 전쟁이 시작되다〉, 〈공민왕이 고려를 개혁하다〉와 함께 활동하세요.

1. 여러 번 몽골의 침략에도 고려 백성들은 당당히 맞서 싸웠어요. 1차 침략과 2차 침략 때 백성들이 맞서 싸운 곳을 지도 위에 각각 동그라미 치세요.

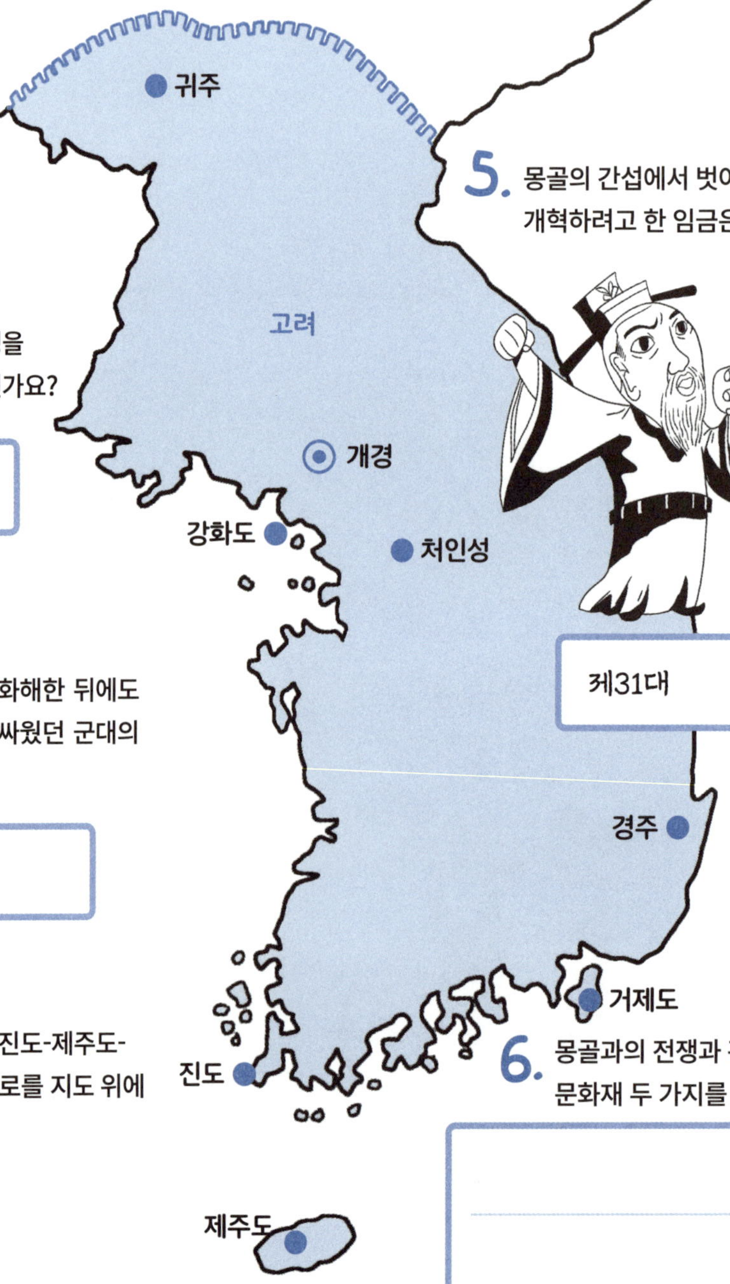

2. 위기에 처한 고려 조정이 개경을 떠나 도읍을 옮긴 곳은 어디인가요?

3. 고려 조정이 몽골과 화해한 뒤에도 끝까지 몽골에 맞서 싸웠던 군대의 이름은 무엇인가요?

4. 3번 군대가 강화도-진도-제주도-거제도로 이동한 경로를 지도 위에 표시해 보세요.

5. 몽골의 간섭에서 벗어나 고려를 개혁하려고 한 임금은 누구일까요?

제31대 _____ 왕

6. 몽골과의 전쟁과 관련 있는 문화재 두 가지를 적으세요.

13 이성계와 위화도 회군

책 64~65쪽 〈이성계가 위화도에서 회군하다〉와 함께 활동하세요.

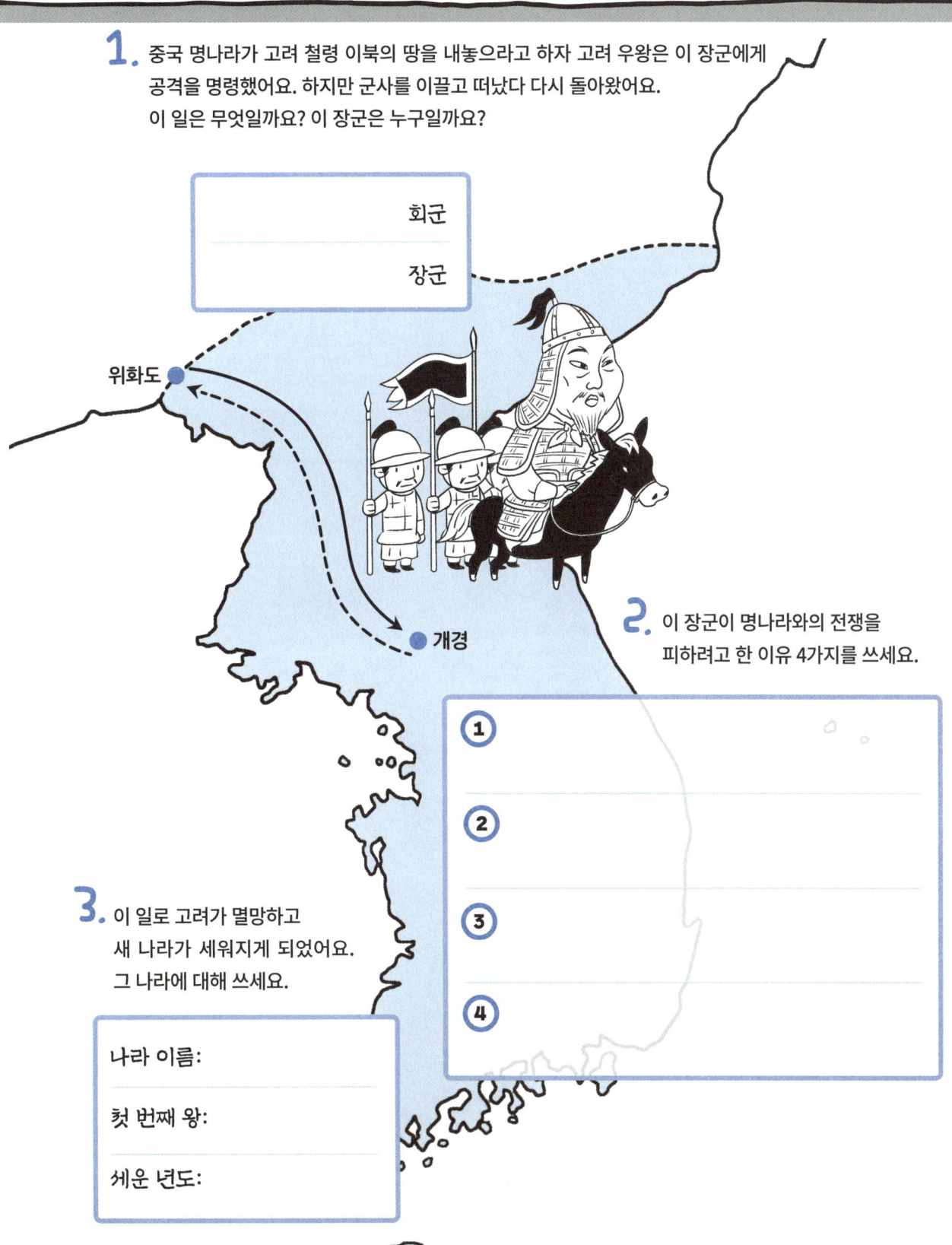

1. 중국 명나라가 고려 철령 이북의 땅을 내놓으라고 하자 고려 우왕은 이 장군에게 공격을 명령했어요. 하지만 군사를 이끌고 떠났다 다시 돌아왔어요.
이 일은 무엇일까요? 이 장군은 누구일까요?

_____ 회군

_____ 장군

2. 이 장군이 명나라와의 전쟁을 피하려고 한 이유 4가지를 쓰세요.

①
②
③
④

3. 이 일로 고려가 멸망하고 새 나라가 세워지게 되었어요. 그 나라에 대해 쓰세요.

나라 이름:

첫 번째 왕:

세운 년도:

빈칸에 조선을 이끈 임금들의 이름을 쓰세요.

15 조선 왕실 상식

 70쪽 〈조선 왕조의 이모저모를 알아보다〉와 함께 활동하세요.

1. 빈칸에 조선 왕실 사람들을 부르는 이름을 쓰세요.

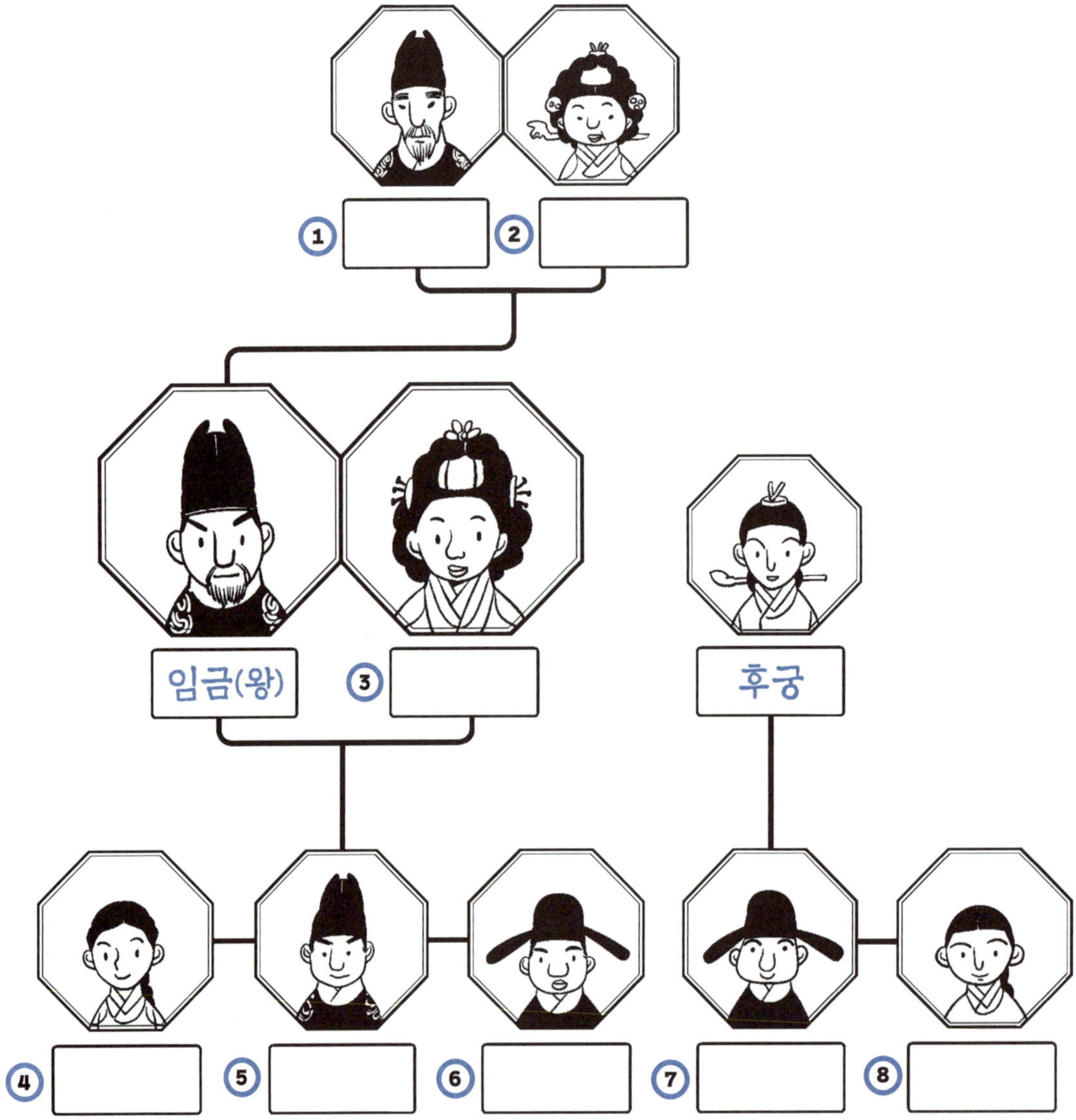

① ②

임금(왕)　③　　후궁

④　⑤　⑥　⑦　⑧

2. 조선 임금에게 쓰던 높임말을 적으세요.

① 왕의 옷 _____

② 왕의 방귀 _____

③ 왕의 밥상 _____

④ 왕의 의자 _____

⑤ 임금의 은혜가 끝이 없습니다. 감사합니다.
_____

⑥ 아랫사람인 우리의 사정을 헤아려 주세요.
_____

16 조선의 도읍 한양

책 72쪽 〈한양이 조선의 새 도읍이 되다〉와 함께 활동하세요.

1. 조선의 도읍 이름을 쓰세요.

2. 한양의 4대 문 이름을 하늘색 칸에 쓰세요.
한양의 궁궐과 중요 건물의 이름을 번호 칸에 쓰세요.

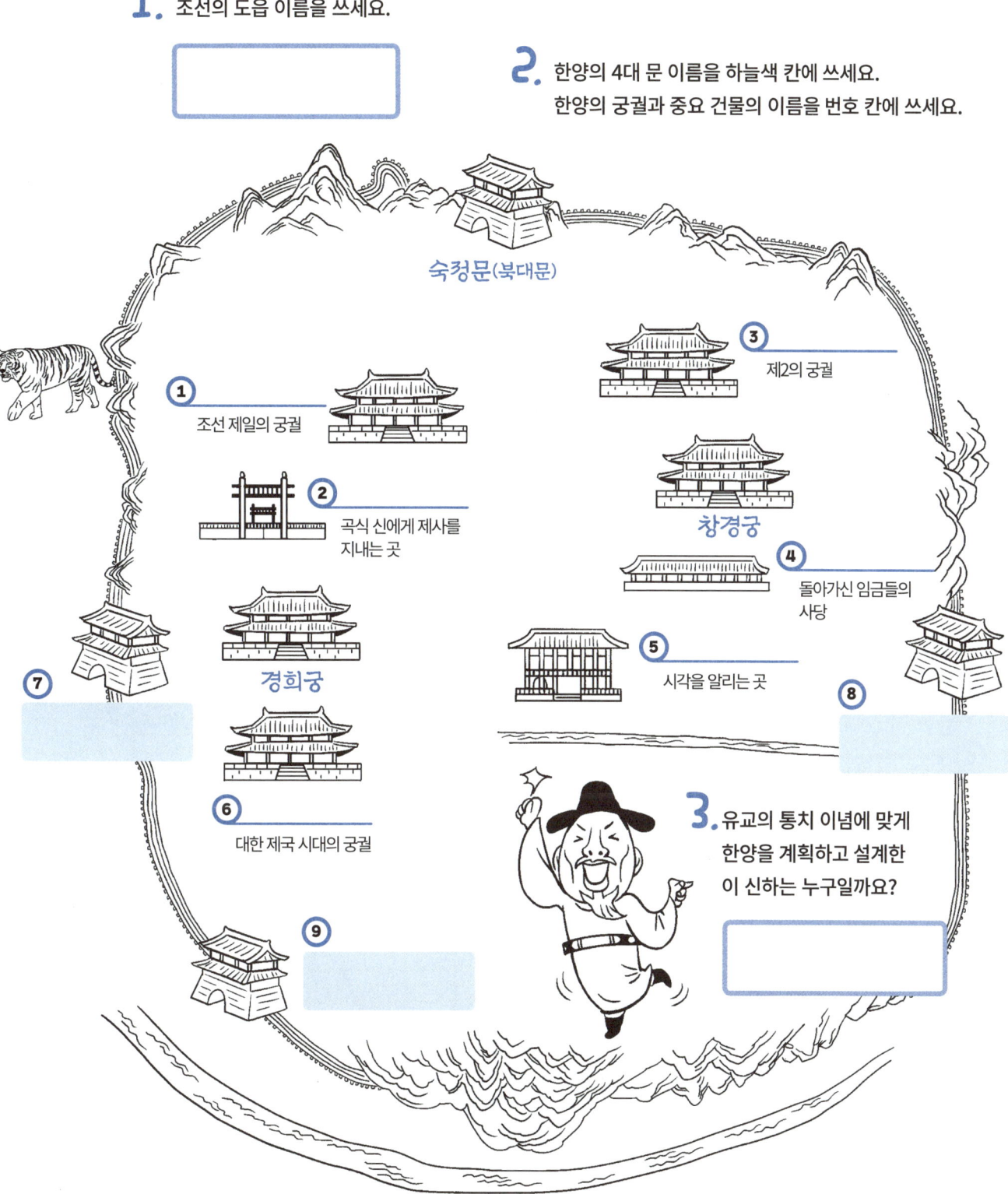

3. 유교의 통치 이념에 맞게 한양을 계획하고 설계한 이 신하는 누구일까요?

 # 조선의 행정 구역과 국경선

책 77~79쪽 〈태종이 왕권을 강화하다〉, 〈세종이 한글을 창제하다〉와 함께 활동하세요.

1. 조선 세종 때 북쪽으로 땅을 넓히고 오늘날 국경선을 만든 장군들을 쓰세요.

2. 조선 시대 전국을 8도로 나눈 것이 지금까지 이어 와요. 두 지방의 앞 글자를 따서 지은 각 도의 이름을 쓰고, 각 도에 색칠하세요.

_____ 장군

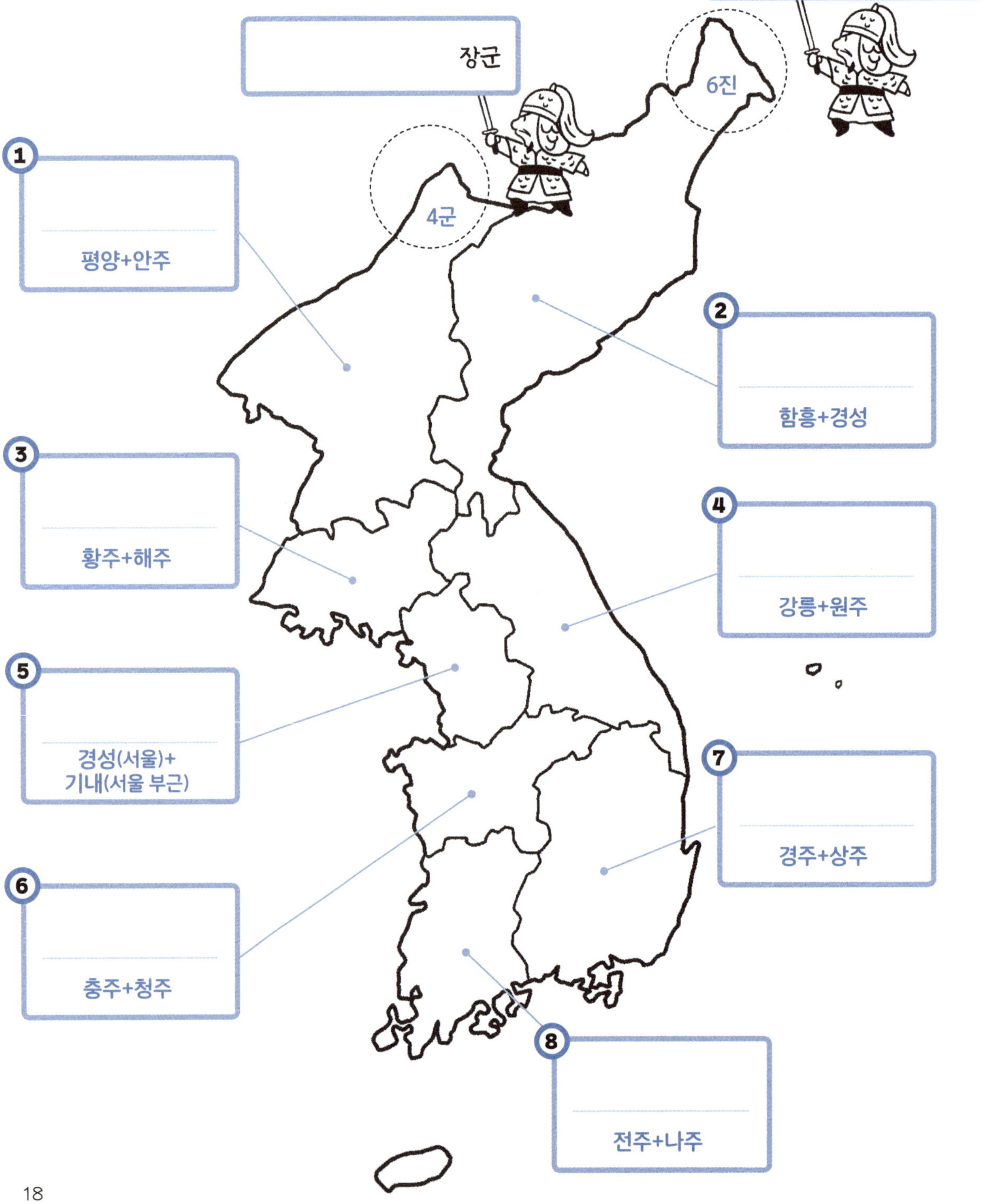

_____ 장군

6진

4군

1
_____
평양+안주

2
_____
함흥+경성

3
_____
황주+해주

4
_____
강릉+원주

5
_____
경성(서울)+
기내(서울 부근)

6
_____
충주+청주

7
_____
경주+상주

8
_____
전주+나주

18 임진왜란의 3대첩

책 86~87쪽 〈임진왜란이 일어나다〉와 함께 활동하세요.

1. 1592년 왜군 20만이 조선의 부산으로 쳐들어와 사흘 만에 한양까지 올라간 전쟁은 무엇일까요?

_____

2. 이 전쟁 때 육지와 바다에서 왜군을 크게 이긴 3대첩의 이름과 활약한 장군을 쓰세요.

① _____ 대첩
　 _____ 장군

② _____ 대첩
　 _____ 장군

③ _____ 대첩
　 _____ 장군

3. 이순신 장군이 만들어 바다에서 왜군을 물리치는 데 큰 역할을 한 그림 속 배는 무엇일까요?

_____

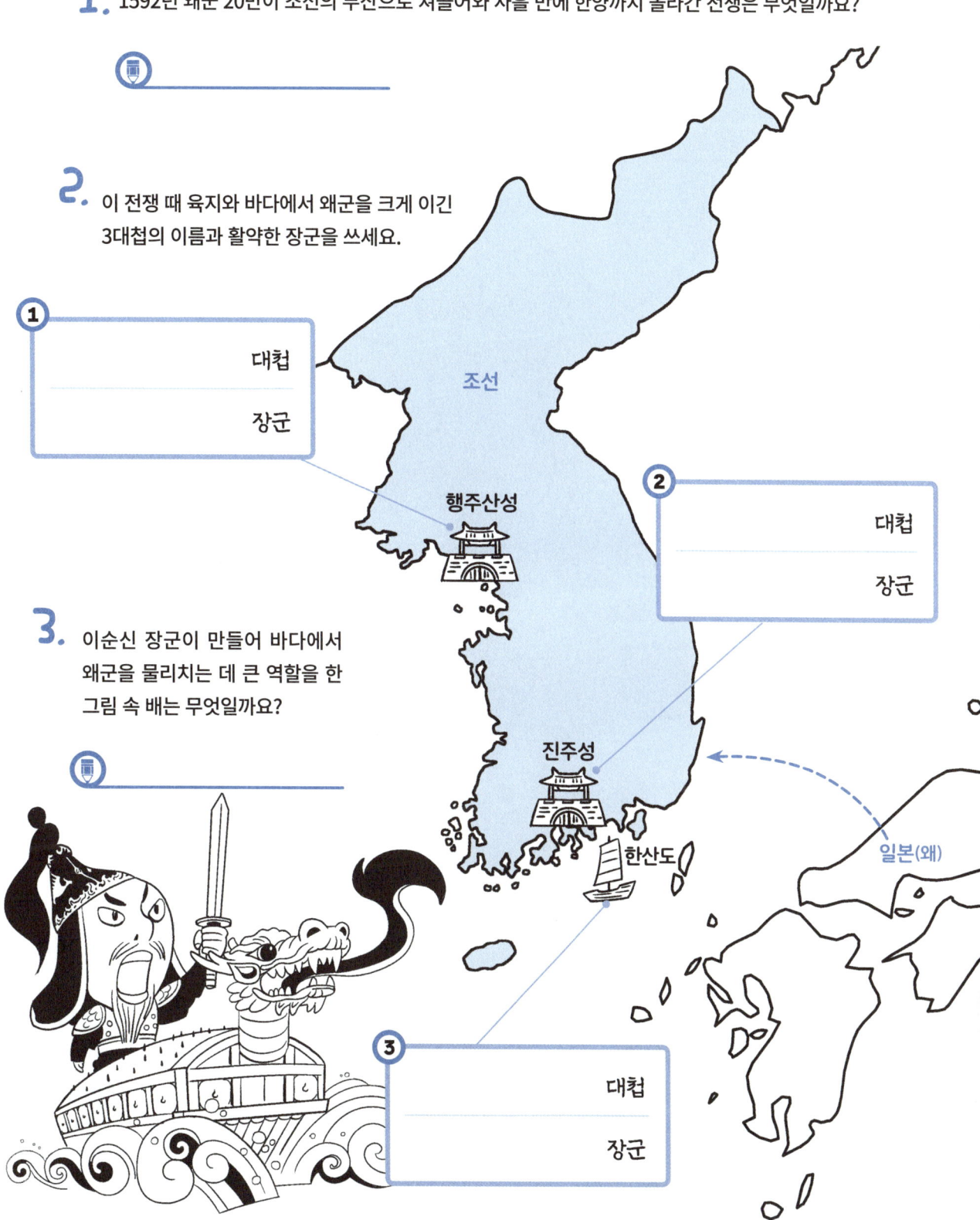

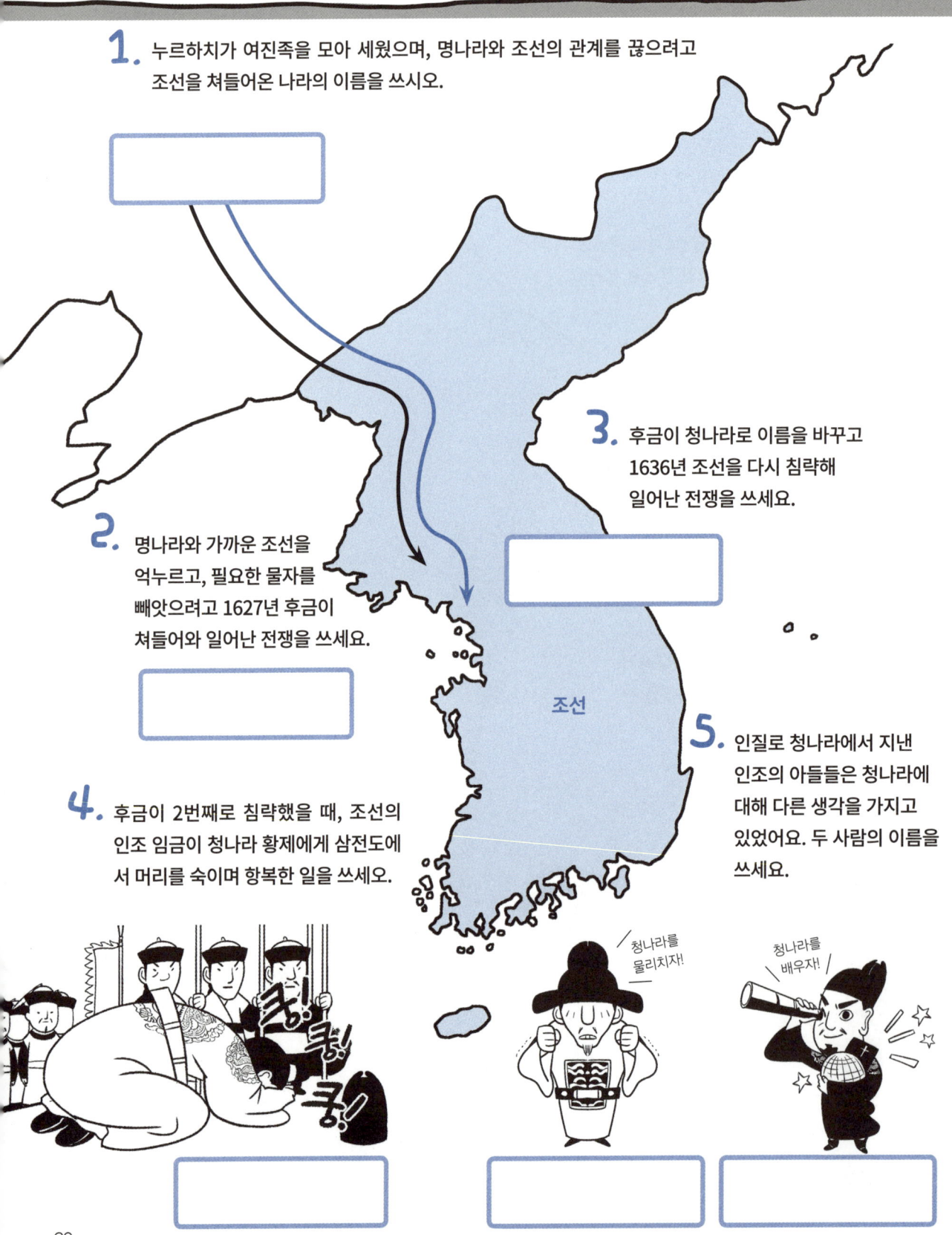

20 농민 봉기와 외세의 침입

책 98~101쪽 〈세도 정치로 나라가 휘청이다〉, 〈흥선 대원군이 쇄국 정책을 펼치다〉와 함께 활동하세요.

1. 세도 정치로 백성들이 살기가 점점 어려워지자 곳곳에서 봉기가 일어났어요. 대표적인 봉기 2가지를 쓰세요.

1811년 평안도 사람 홍경래가 지방을 차별하는 데 반대해서 일으킨 봉기

① [   ]

1862년 진주에서 농민들이 일어나 제주까지 퍼진 전국적 봉기

② [   ]

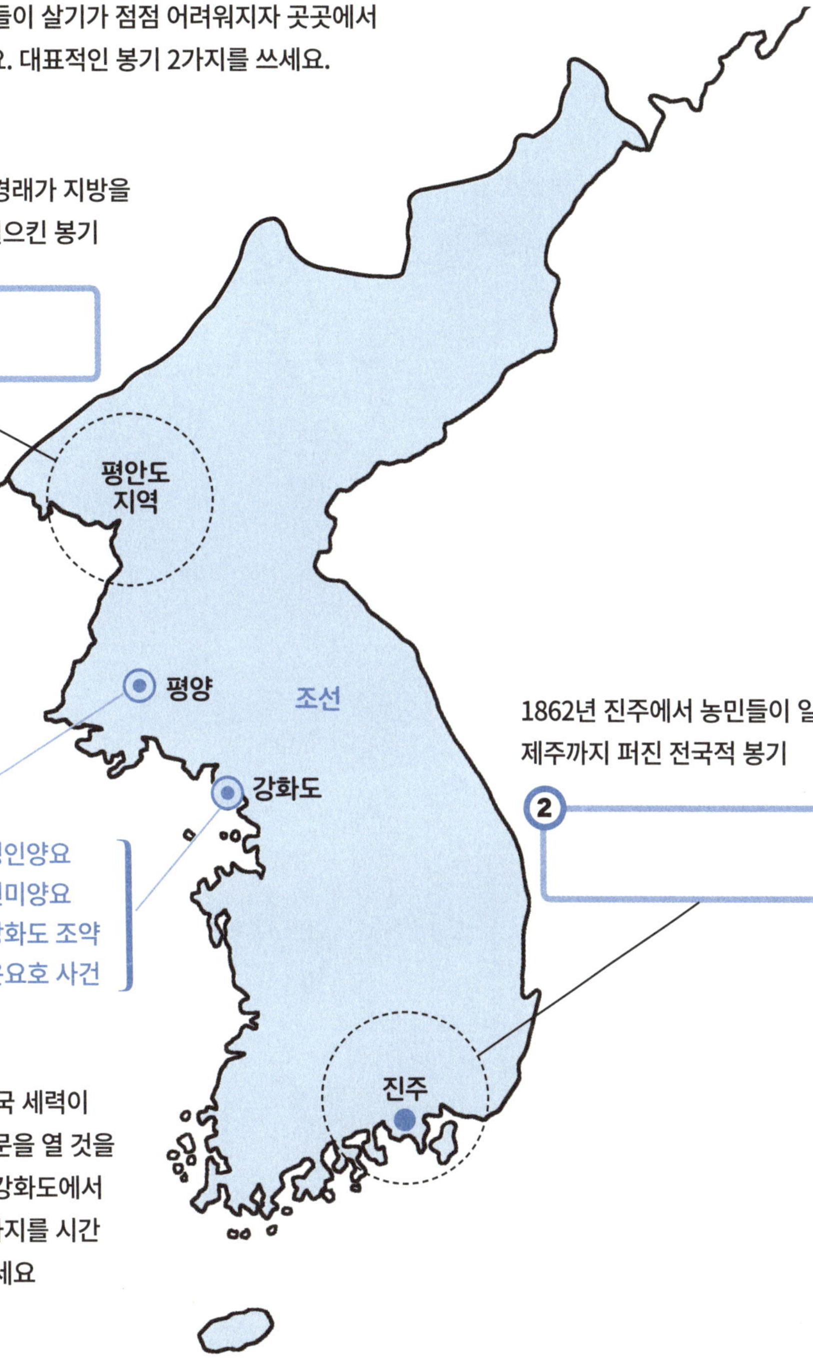

제너럴셔먼호 사건

병인양요
신미양요
강화도 조약
운요호 사건

2. 1860년 이후로는 외국 세력이 조선을 찾아와 나라 문을 열 것을 요구했어요. 평양과 강화도에서 일어난 위의 사건 5가지를 시간 순서에 맞게 다시 쓰세요

_____ / _____ (1866년) ➔ _____ (1871년)
➔ _____ (1875년) ➔ _____ (1876년)

21 나라 안팎의 독립운동

📖 108~113쪽 〈일본에게 나라를 빼앗기다〉부터 〈광복을 맞이하다〉까지 함께 활동하세요.

1. 1910년 우리는 일본의 식민지가 되었지만 나라 안팎에서 독립운동을 폭넓게 해 나갔어요. 설명을 보고 빈칸에 여러 독립운동과 단체, 인물을 쓰세요.

① 하얼빈 기차역에서 이토 히로부미를 권총으로 쏘고 '대한 독립 만세'를 외친 사람

② 김좌진 장군이 청산리에서 일본군을 물리친 전투

③ 봉오동에서 홍범도 장군이 일본군을 크게 무찌른 전투

④ 1919년 3월, 서울과 평양에서 시작되어 전국, 해외까지 퍼진 민족 최고의 독립운동

⑤ 일본에게 진 빚을 갚으려고 백성 스스로 나서서 돈을 모은 활동

⑥ 광복을 위해 중국 상하이에 임시로 조직한 우리 정부

⑦ 윌슨 대통령의 '민족 자결주의'에 영향을 받아 우리 유학생들이 작성한 독립 선언서

22 남북의 분단

📘 114~115쪽 〈남북이 서로 다른 정부를 세우다〉와 함께 활동하세요.

1. 광복을 맞은 다음, 남과 북에 각각 들어온 나라는 어디일까요?

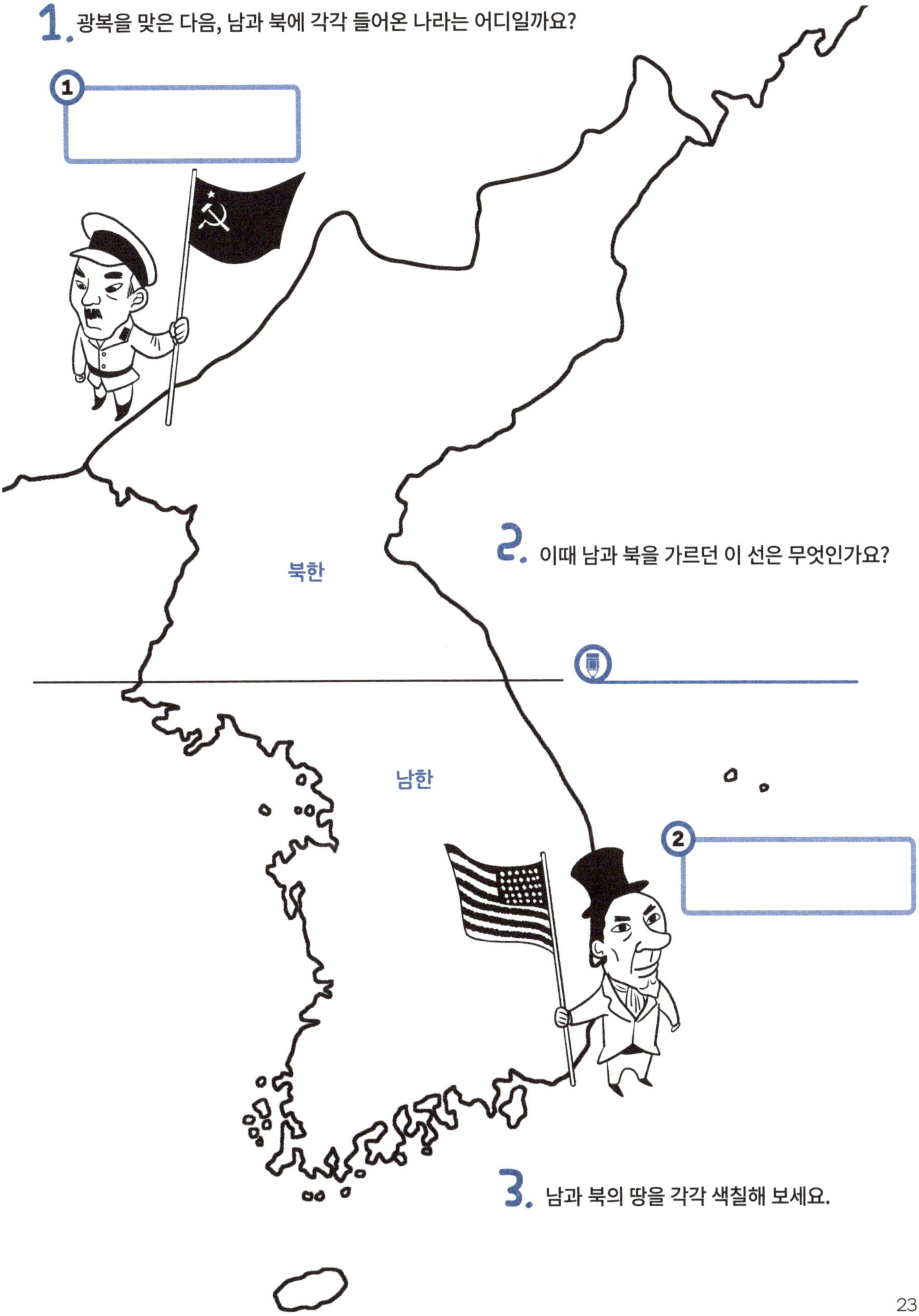

① [　　　　]

북한

2. 이때 남과 북을 가르던 이 선은 무엇인가요?

✏ _____

남한

② [　　　　]

3. 남과 북의 땅을 각각 색칠해 보세요.

23 민족의 비극 6·25 전쟁

📖 116~117쪽 〈6·25 전쟁이 일어나다〉와 함께 활동하세요.

1. 전쟁에 대비하지 못한 국군이 북한군에 밀려 내려간 지점을 첫 번째 지도 위에 선으로 표시하고 색칠하세요.

2. 1950년 인천상륙작전을 성공시켜 서울을 되찾은 미국의 장군과 국제 군대의 이름을 쓰세요.

_____ 장군

_____ 군

1950년 6~9월

3. 국군와 국제연합군이 최대로 올라간 지점과 북한과 중국군이 최대로 내려 온 지점을 선으로 각각 표시하세요.

4. 전쟁이 길어지자 1953년 7월 남북은 싸우던 곳을 기준으로 휴전하기로 했어요. 그 선을 지도 위에 표시하고, 빈칸에 이름을 쓰세요.

1950년 9~11월

1951년 3월 ~ 1954년 4월

24 다시 하나 되는 우리

책 118~119쪽 〈아픈 역사를 딛고 미래로 향하다〉와 함께 활동하세요.

남북이 통일되는 것을 상상하며 한반도 지도를 예쁘게 색칠하고 그림도 그려 넣어 보세요.

정답 색칠하기는 책을 참고해서 완성하세요.

❶
1. 고조선
2. 아사달
3. 단군왕검
4. 홍익인간

❷
1. ① 부여
   ② 고구려
   ③ 옥저
   ④ 동예
   ⑤ 마한
   ⑥ 진한
   ⑦ 변한
2. 삼한

❸
2. ① 고구려 | 주몽(동명 성왕) | 기원전 37년
   ② 백제 | 온조왕 | 기원전 18년
   ③ 신라 | 박혁거세 | 기원전 57년
   ④ 가야 | 수로왕 | 기원후 42년

❹
1. ① 고구려 | 국내성
   ② 백제 | 위례성
   ③ 신라 | 경주
   ④ 가야 | 김해
3. 근초고 | 고구려를 이기고 중국과 일본에도 힘을 뻗음

❺
1. ① 고구려 | 국내성 | 평양성
   ② 백제 | 웅진(공주)
   ③ 신라 | 경주
   ④ 가야 | 김해
2. 광개토 대왕릉비
3. 장수, 평양으로 도읍을 옮기고 한강을 차지하며 땅을 크게 넓힘

❻
1. ① 고구려 | 평양성
   ② 백제 | 사비(부여)
   ③ 신라 | 경주
2. 진흥왕 순수비
3. 진흥, 위로는 고구려까지 아래로는 대가야까지 땅을 넓힘

❼
1. ① 평양성 전투, 668년
   ② 황산벌 전투, 660년
2. (위) 매소성 전투 | 675년
   (아래) 기벌포 전투 | 676년
3. 문무

❽
1. ① 발해
   ② 신라
2. 대조영 | 698년 | 동모산 | 해동성국
3. (위) 석굴암
   (아래) 불국사
4. 장보고 | 청해진

❾
2. 후고구려 | 궁예
3. 고려 | 왕건
4. 후백제 | 견훤
5. 경순

❿
1. ① 거란
   ② 여진
2. 서희
3. 흥화진
4. 귀주대첩
5. 강감찬

⓫
1. 동북 9성
2. 윤관 | 별무반
3. (위) 만적의 | (아래) 망이·망소이의

⓬
1. (1차 침략) 귀주 | (2차 침략) 처인성
2. 강화도
3. 삼별초
5. 공민
6. 황룡사 9층 목탑 | 팔만대장경

⓭

1. 위화도, 이성계
2. ① 큰 나라를 공격하는 것은 위험하다.
   ② 농사로 바쁜 사람들을 전쟁터로 보내는 건 옳지 않다.
   ③ 전쟁 동안 왜구가 쳐들어올 수 있다.
   ④ 장마철이라 무기가 망가지고 전염병이 돌 수 있다.
3. 조선, 이성계, 1392년

⓮

2대 정종 | 3대 태종 | 4대 세종 | 5대 문종 | 6대 단종 | 7대 세조 | 9대 성종 | 10대 연산군 | 11대 중종 | 13대 명종 | 14대 선조 | 15대 광해군 | 16대 인조 | 17대 효종 | 18대 현종 | 19대 숙종 | 21대 영조 | 22대 정조 | 23대 순조 | 24대 헌종 | 25대 철종 | 26대 고종 | 27대 순종

⓯

1. ① 상왕 ② 대비 ③ 왕후(왕비) ④ 공주 ⑤ 세자 ⑥ 대군 ⑦ 군 ⑧ 옹주
2. ① 곤룡포 ② 통기 ③ 수라상 ④ 옥좌
   ⑤ 성은이 망극하옵니다. ⑥ 통촉하여 주시옵소서.

⓰

1. 한양
2. ① 경복궁 ② 사직단 ③ 창덕궁 ④ 종묘 ⑤ 보신각
   ⑥ 덕수궁 ⑦ 돈의문(서대문) ⑧ 흥인지문(동대문)
   ⑨ 숭례문(동대문)
3. 정도전

⓱

1. (4군) 최윤덕 | (6진) 김종서
2. ① 평안도 ② 함경도 ③ 황해도 ④ 강원도 ⑤ 경기도
   ⑥ 충청도 ⑦ 경상도 ⑧ 전라도

⓲

1. 임진왜란
2. ① 행주 | 권율
   ② 진주 | 김시민
   ③ 한산도 | 이순신
3. 거북선

⓳

1. 후금(청나라)
2. 정묘호란
3. 병자호란
4. 삼전도의 굴욕
5. (왼쪽) 봉림 대군(효종) | (오른쪽) 소현 세자

⓴

1. ① 홍경래의 난
   ② 진주 농민 봉기
2. 병인양요/제너럴셔먼호 사건 → 신미양요 → 운요호 사건 → 강화도 조약

㉑

1. ① 안중근
   ② 청산리 전투
   ③ 봉오동 전투
   ④ 3·1운동
   ⑤ 국채 보상 운동
   ⑥ 대한민국 임시 정부
   ⑦ 2·8 독립 선언서

㉒

1. ① 소련
   ② 미국
2. 38선

㉓

2. 맥아더 | 국제연합(유엔)
4. 휴전선